美妙的幸福史

LA PLUS BELLE HISTOIRE DU BONHEUR

人类幸福的多维探寻

UNE QUÊTE MULTI-DIMENSIONNELLE DU BONHEUR

[法] 安德烈·孔特－斯蓬维尔（André Comte-Sponville）
[法] 让·德吕莫（Jean Delumeau）
[法] 阿莱特·法尔热（Arlette Farge）
[法] 艾丽斯·热尔曼（Alice Germain） 著

陈晶 译

西南大学出版社
国家一级出版社 全国百佳图书出版单位

万墨轩图书
WIPUB BOOKS

目 录

Sommaire

01 序 言 Prologue

001 第一幕 智慧的起源 Première Partie Aux origines de la sagesse

003 第一场 古典时代的追寻

037 第二场 巴洛克时期的欲望

049 第三场 哲学的悖论

063 第二幕 幸福存在于“天堂”吗? Deuxième Partie L'invention du paradis

065 第一场 “天堂”的失落

073 第二场 重建“天堂”

083 第三场 找回幸福的“天堂”

105 第三幕 近代的梦想 Troisième Partie Le rêve des modernes

107 第一场 启蒙时期的快乐

129 第二场 物质主义的诞生

141 第三场 欧洲新思想

151 尾 声 当下的幸福 Épilogue Le bonheur au présent

序　言

Prologue

活着还不足够，还要活得幸福。只有感知到幸福，生命才更有意义和滋味。我们一直在等待幸福的降临，甚至为此虚度了一生。生命或许就像一间空房，一张白纸，需要以幸福将其填满。人类注定要踏上追逐永恒快乐之路。

幸福究竟是什么？什么才能造就幸福？是某物（金钱）？某地（天堂）？某时（充满希望的明天）？还是某人（上帝、他人或自我）？成功、爱情、健康、快乐、美丽，是否意味着幸福？

在探寻幸福这一点上，哲学家是毋庸置疑的大师。令人惊奇的是，这些擅长使用抽象概念的专家也在讨论幸福这种具体的生活实践，思考（幸福）对（快乐）生活有什么帮助呢？公元前 3 世纪，伊壁鸠鲁曾言："哲学是一项让人获得幸福的活动。"哲学不只是言语，也是行动，是我们普遍称为"智慧"的活动。而智慧必然使其拥有者获得幸福。那么实际上，定义幸福的内涵，也就是生活的意义和价值的重任又落到了哲学家的身上。哲学的目的是了解人类，并且使人类了解自我。这就是苏格拉底那句名言的含义："认识你自己！"了解人类意味着向人类提供一种力所能及的幸福，一种合适的幸福，一种能够凭借自身能力得到的幸福。伊壁鸠鲁提倡的是一种幸福营养学，一种使人获得幸福人生的快乐制度。而人们误解了其学说，认为该学说是在为人世间所有享乐者摇旗呐喊。

斯多葛学派是这种享乐哲学的对立面，他们甚至反对伊壁鸠鲁所提倡的"克制的快乐"。他们鼓吹一种合乎道德的幸福或者在道德中获取幸福。他们认为只有当人在行善以及遵守道德规范时才会幸福。我们不应该只是克制享乐，而应将其彻底抛弃；不应该去追寻简单的快乐，而应避开所有快乐。因为毫无例外，所有快乐都是有害的。尼禄的家庭教师塞涅卡是一位政治家和哲学家，他认为快乐是"低级、奴性、懦弱和脆弱的"，只能在"小酒馆"里找到；比起快乐，我们更应该去追求道德，一种正直高尚的道德。塞涅卡认为道德是“高级、庄严、不可战胜和取之不尽的”。只有来自善行的幸福才能持久，而造就短暂快乐的幸福只是昙花一现。

作为苏格拉底强劲的对手，卡里克勒斯[①]的学说引人注目。他认为只有满足自己最大甚至最疯狂的兴趣和欲望才能获得幸福。正是因为我们无法模仿那些选择刺激生活方式的人，所以只能指责他们，并将自己的懦弱掩藏在一套漂亮的说辞背后。苏格拉底给出的答复非常激进，他说这种只追求兴趣和享乐的生活并不是真正的生活，而是某种意义上的死亡。因为那些为满足一己之欲而活着的人就像一个“无底洞”，不仅无法被填满，而且追求享乐会让他们变得欲求不满、贪得无厌且困惑不已。这些快乐很可能会把人带进一个死循环：“拥有”就要求拥有更多；而渴望，总是有渴望不尽的东西；过得舒适还不够，必须过得奢侈。显然，“总是想要更多”不能成为一个追求幸福之人的原则。

在这之后，启蒙哲学家之首康德认为，放弃幸福就等同于放弃人生。那么幸福到底是什么样的呢？当我们还无法准确描述自己想要什么时，又怎么来定义幸福呢？我们可以列举出

* 本书的脚注均为译者注。

① 卡里克勒斯，古希腊哲学家、政治家。

许多开心的小事（例如，欣赏美景、看望朋友、读一本侦探小说……），但这都是徒劳。只有体会过幸福，才能道出其中真谛，况且每个人的幸福体验都是不可预料和与众不同的。因此，我们不能肯定地说出什么能够带来幸福，或者简单给出一条幸福的标准。对有些人来说，幸福是一家人生活在一起；而对另外一些人来说，幸福是享受独处。一切幸福皆是自然而然，我们无法对别人的幸福评头论足。幸福是一种“理想”，并不能像开处方一样给出准确的答案，顶多只能提供建议罢了。

相比个人的受教育程度，幸福更多取决于个人的机遇。另外，从词源学的角度看，这个词首先意味着“美好的时光”①。难道幸福只是意味着度过美好时光、抓住机遇吗？

我们对幸福的渴望很有可能无法得到满足，而更多时候在体验它的对立面——死亡，以及像爱情和友情这种美好事物的终结。各种悲欢离合、各种失望泄气更加让我们确信幸福不是必然的。所以，到头来我们就把幸福归结为自己所创造的财富、活动和消遣，这样我们就可以忘却不幸是无药可救的，忘却幸福是不可能的。我们不愿意面对悲伤、空虚和生命的虚无，所

---

① 幸福在法语中是“bonheur”，由“bonne”和“heure”构成，分别意为“美好”和“时光”。

以在吵闹和愤怒中不断迷失自我。这就是17世纪的帕斯卡[①]从圣奥古斯丁[②]那里得到的教诲。期待一种“外界”的幸福，一些外部的事物（事业有成、社会认可、美好爱情），意味着生活在焦虑中，惧怕看到幸福被各种意外摧毁。我们所有的乐趣，包括金钱、游戏、爱情、权力只为一件事服务，那就是忘却不幸，让我们不再想起终将到来的死亡以及永远无法获得的幸福。

我们追寻着各种快乐，甚至是最为“激烈”的享乐（沉迷于酒精、速度和爱情），就是为了忘却自己。我们外出、加班、调大音乐声，终究是为了更好地忘却自我。帕斯卡强调说，从孩提时代开始，人们就被要求为自己将来的幸福担忧，“人们被各种事物、语言学习、训练压垮，并且被告知如果没有健康、荣誉和财富就不可能幸福”，同时只要缺失其中之一就会不幸。人们总是身负重担、深陷麻烦，从一睁眼就开始烦恼不已。你们可能会感叹：“这真是一种追求幸福的奇怪方式！”在追求幸福和害怕失去快乐的过程中，人终究忘却了最核心的自我。

只为寻觅幸福而活，也就意味着忘记了生活。为什么一定要找到幸福？尼采曾经自问：“为什么一定要剔除生命中的不幸（恐惧、失去、贫穷、死亡……没射进的球）？”每个人都会遭

① 布莱兹·帕斯卡（1623—1662），法国17世纪的著名数学家、物理学家和哲学家。
② 圣奥古斯丁（354—430），古罗马帝国时期基督教思想家。

遇不幸，那些想让我们免受不幸伤害的人也不一定会给我们带来幸福。哲学要解决的大问题，或许应该是让我们知道幸福的不可得，让我们重新寻回约伯的直觉，这个《圣经》里最不幸之人说："我仰望得好处，灾祸就到了；我等待光明，黑暗便来了。"（《约伯记》第 30 章第 26 节）如果上帝真的存在，其存在就是为了安慰人类身处现世的痛苦，于是对上帝的信仰将天国变成了一个永恒的幸福国度。

如何获得幸福也是宗教要解决的主要问题之一。基督教，作为影响力很大的宗教，将幸福呈现为一座失乐园，一座无与伦比的伊甸园，一个因亚当的过错而失落的天堂，一个所有等待最终亲眼见到上帝的人们所向往的天国。幸福成了人们渴望的目标，渴望与上帝生活在一起、沐浴在上帝之爱中。然而天堂的概念发生了变化。天上的国度，这个具体的地方已经慢慢消失，被一种状态取而代之。在那里，任何的疼痛都能被舒缓，任何的饥渴都能被满足。这种状态是耶稣所描述的幸福的一种表现形式，预示着美好明天的来临："哀恸的人有福了！因为他们必得安慰。……饥渴慕义的人有福了！因为他们必得饱足。……清心的人有福了！因为他们必得见神。"在如今这个充满失望的世界里，幸福天堂的信仰又变成了什么呢？无论是信或不信基督教的人，在他们身上都存在着一种对幸福的渴望，渴望在那里能够再次见到自己所爱和爱自己的人。他人非地狱，正相反，重逢即天堂。

在历史的长河中，把幸福以及怎样实现幸福的问题托付到唯一的信念上是件冒险的事。18 世纪法国大革命时期的人们就是如此，他们希望得到一种现世的幸福，一种幸福的政治组织，每个人都有同样的权利获得幸福，即能够自由地思考和表达。从那时起，幸福成了一门生活的艺术。通过高谈阔论、思想交锋、探寻未知和舌尖论战的满足来获得幸福。幸福带有一种如巧克力般迷人的味道，但有时这种刺激的味道是放纵和危险的爱情关系。启蒙时期是一个追求享乐的时代，在雅各宾派和吉伦特派将 1789 年宣告为“政治幸福元年”之前，男男女女就曾尝试把日常的幸福定义为肉体的欢愉和求知的结合。即使有天国的天使和对永恒幸福的承诺，基督教实际上还是忽略了人类的一个重要维度——快乐。

因此，幸福也是有其历史进程的。幸福并不一直都是人生的目标或理想，有些人更愿意追求智慧或爱情。在不同的时代，幸福呈现出不同的形态：首先是天堂，其次在法国《人权宣言》的时代，又变成了对自由平等的人类社会的渴望。我们会与哲学家、神学家和历史学家面对面，通过对话的方式来追忆这段历史。我们应该怎样获得幸福？我们是否应该从乐趣中享受生活以及生命的每一刻？是否应该追求成功，沉迷于最为疯狂的爱好？怎样实现自我价值，得到满足？是否存在行之有效的方法来获得幸福？追求幸福是否使我们不停在乐观和悲观、希望和失望中徘徊？如何才能让幸福得到保障？

在与三位学者的对话中，幸福的历史缓缓展开：从幸福诞生，到古希腊哲学和基督教信仰，一直到1789年的政治新纪元。如果说哲学思考幸福的概念，那么历史则呈现出幸福的发展过程、"世俗化"的趋势以及在当代社会中越来越重要的影响。安德烈·孔特－斯蓬维尔就幸福的概念撰写过许多作品，讲述了从古希腊、古罗马时期起，幸福的命运是怎样跟哲学密切联系在一起的。法兰西公学院名誉教授让·德吕莫是宗教思想史的专家，他向我们揭示了幸福在信仰基督的西方世界如何变成了天堂的形式，既安抚了人们现世的担忧，又让人渴望永恒的快乐。法国国家科学研究中心（CNRS）主任、以18世纪的大众行为为主要研究方向的历史学家阿莱特·法尔热，向我们描述了启蒙时代即享乐时代的各种快乐，解释了幸福如何成为一种政治目标、一种在全民开化的大革命时代的集体追求。

而如今呢？在当代，幸福再也不是一种承诺或政治思想。它已经成为一种权利乃至义务：生活，意味着能够达到幸福的状态；生活，意味着将幸福变成义务。一家旅行社的宣传标语"être-re"① 可谓一语双关。生活的更高层次，是幸福地生活。幸

① 法语中"être"表示"存在、生活"，"re"表示"重复、加强"，并且"être-re"的发音近似"heureux"（幸福）。

福是对存在的补充，是生命的全新维度。值得过下去的生活，才是幸福生活。我们已经进入一个不得不追求幸福的新世纪，不幸福就意味着不会生活。在 20 世纪 80 年代，我们必须成为“大人物”，取得成功，尤其是在商业方面。而在 21 世纪初，我们只需要生活。因而舒适的生活条件是第一步，也可能是通往幸福的最后一步。我们必须达到一种不只是活着的状态，要活得充实。在这个消费社会里，一切让我们变得出名、与众不同、脱离常规的事都是幸福的。于是，出名变成幸福的公式和最高形式，因为变得出名意味着拥有一种更丰富的人生，一种看得见的、引人注目的、被人知晓的人生。

幸福的“普及化”回应了对特立独行的向往和对寂寂无闻的排斥。幸福成了必需品。从今往后，要“生活”，就要“活得尽兴”——这种“尽兴”意味着以“carpe diem”（及时行乐）的名义享受各种快乐；要享受当下每一天，不让任何道德或宗教的规定干涉我们和我们所追求的幸福。当代的“及时行乐”是纯粹的自我肯定，既没有要达成的目标也没有要遵从的过往。今天的“幸福”，是成为自己，是“Just do it”（想做就做），是与这个著名运动品牌的广告语所产生的共鸣。我们也可以认为，存在终于战胜了拥有，幸福不再是拥有（成功、金钱、美丽），而是得到（安详、宁静、和谐）。这个时代的一大悖论是，既发明了“内在”的幸福，又提倡消费的幸福，提倡通过物质获得幸福。存在和拥有，已紧密相连……这是此刻获得幸福的方法。但人类似乎永远也无法停止对幸福的不断探寻。

艾丽斯 · 热尔曼

第 一 幕

智慧的起源

Acte 1

AUX ORIGINES DE LA SAGESSE

第一场

古典时代的追寻

西方哲学的开山鼻祖苏格拉底带领哲学迈出了第一步。哲学的唯一目的和对象是人，是人的生活、起源、宿命以及幸福。

苏格拉底出现了……

艾丽斯·热尔曼（以下简称“艾”）：要是幸福的历史存在一个源头，那就应该是在公元前6世纪到公元前5世纪的古希腊，似乎与哲学同期诞生。哲学是一种智力活动，如何能道出跟生活体验相关的幸福呢？为什么哲学会如此关注幸福呢？

安德烈·孔特－斯蓬维尔（以下简称“安”）：幸福并不是伴随哲学出现的。在哲学家们思考幸福这个主题前，现实中就有人幸福，也有人不幸。伴随哲学出现的并不是幸福，而是思考幸福的方式，也是寻求幸福的方式。具体怎么做呢？通过抽象思维、理性推论、反复思考以及举例论证的方式。一旦我们尝试思考幸福这个论题（幸福是什么？什么能够造就幸福？），并以理性的方式进行，那就是哲学思考。确实，公元前5世纪是一个特殊的时期，正是“苏格拉底革命”发生之时，而古希腊也是一个特殊的地点。

艾：“苏格拉底革命”意味着什么？

安：苏格拉底之前的古希腊哲学家——阿那克西曼德、赫拉克利特、巴门尼德等——并不研究幸福学，他们关注的是大自然和存在。苏格拉底对个人问题的思考开启了一场精神革命：“存在是什么？”“自然是什么？”还有一个历史上的第二大问题：“人是什么？”“我是谁？”也就是著名的“认识你自己”。这意味着哲学开始关注人类自身，开始研究人的幸福。“认识你自己”并不意味着将自己置于一切的中心，而是去探寻人的本质和存在，去反思如何思考、如何生活以及如何变得幸福。事实上，从苏格拉底开始，大部分古希腊哲学家都开始研究幸福，也就是幸福论。这些思想学说认为幸福是至高无上的善。

艾：为什么要思考幸福呢？

安：因为哲学家思考一切！这是哲学的挑战：带着思考生活，反思生活，把思想用于实践。这不仅跟幸福有关，还与一切存在（宇宙万物），尤其是人类活动有关。例如，古希腊人发现了数学规律，但是一旦开始思考这个学科，一旦探究真正的数学，他们就不再是数学家而是哲学家了。哲学并不是一门多么高深的学问，而是对既有知识（如数学）以及生活体验（如幸福或不幸）的反思。

艾：哲学真的对寻觅幸福有帮助吗？

安：大多数哲学家的回答都会是肯定的，但关键并不在此。使命使然，哲学认为真相高于功利，所以也高于幸福。就算对幸福的思考没有让幸福变得触手可及，那也好过愚蠢和盲目。可以这么说，从古希腊开始的几乎所有哲学家都认为哲学会让人更加幸福。思考能力的提升有助于更好地生活。

艾：按照您的意思，哲学关注幸福一开始是出于对人类的兴趣。这是否意味着，当涉及对人类的思考和关注时，幸福的概念就出现了呢？为什么谈论人类时，关心的不是死亡或者上帝？

安：哲学当然也关心死亡与上帝！自从知道人终有一死，我们就不能不去思考“死亡”这一命题。如果放弃思考，就等于放弃哲学……同样，自从知道有人信仰上帝，当然也有人不相信，我们就不得不去思考“上帝”这一命题。这些情况都是哲学，也就是说，哲学既是理论层面（抽象的、理性的、概念的）的思考，也是实践层面（最终会形成某种生活和行为方式）的思考。对幸福的思考也是一样的道理。自从开始向往更好的生活，我们就不得不去思考更美好的甚至近乎完美的生活，这就是传统上所谓的幸福。幸福不一定是哲学的重要主题（取决于不同的哲学家），但是任何完整严密的哲学思考都无法回避这一主题。

艾：按照您的意思，苏格拉底认为满足什么条件的生活可以被哲学定义为幸福呢？

安：从苏格拉底开始，哲学的主要目标之一就是定义“美好生活”。是充满乐趣、快乐和满足感的惬意生活呢？还是拥有公正、智慧和崇高品格的人所过的高尚生活呢？苏格拉底和以其为中心的整个古希腊哲学体系对以上两个问题都会给予肯定的答复：美好生活既是幸福的生活，也是高尚的生活。这是我们所说的“至善”，也就是至高的幸福与至高的美德。一个幸福但道德缺失的人不是至善，因为达到幸福且高尚才是最好的情况。一个品德高尚但不幸福的圣人也不是至善，因为达到幸福且高尚才是最好的情况。要达到至善，光是生活幸福或品德高尚是不够的，必须两者同时存在。整个古希腊哲学思想都建立在将最美满的幸福和最高尚的道德相结合的至善理论之上。

艾：难道就不存在不道德的幸福，罪恶的或美德缺失的幸福吗？

安：在古希腊哲学中这是不可能实现的。一个道德败坏的人可以获得乐趣但无法获得幸福。主要的古希腊哲学家都赞同这一点。但是否是正确的还有待检验……坏人能否获得幸福？道德高尚的智者会是不幸的吗？对于这两个问题，大多数古代人都会做出否定的回答。至于我们现代人，可能会有不同的看法。我们觉得道德并不是幸福的充要条件。换句话说，自以拉开现代性序幕的康德为首的第二次哲学革命以来（第一次哲学革命即苏格拉底革命），我们已不再相信至善。

伊壁鸠鲁不是伊壁鸠鲁主义

艾：在评论古希腊哲学思想之前，让我们先回顾其中的两大哲学流派，它们分别是伊壁鸠鲁学派和斯多葛学派。

安：在后苏格拉底时期，这个由苏格拉底开启的哲学新阶段，涌现了一些哲学思潮：唯心主义（包括柏拉图、亚里士多德和普罗提诺[1]），以及稍晚出现的两个唯物主义学派（尽管内涵不同），也就是伊壁鸠鲁学派和斯多葛学派。

让我们首先谈一谈亚里士多德。他在著作《尼各马可伦理学》[2]中解释说，万物都追求善，而幸福就是人类追求的善。幸福是极致的渴望，是至善，也就是至高和终极的善。无论我们做什么，归根结底都是为了获得幸福，或者接近幸福。幸福是我们的目标，其他所有目标（如金钱和权力）都只是实现这一目标的手段。而幸福，不是实现任何目标的手段。如何定义幸福的内涵呢？有两种方式，度过符合道德规范的一生（这是正直的人可以得到的幸福），或是通过沉思（这是智者和神秘主义者的幸福）。这两种方式并不相互排斥，还分别代表了幸福消亡的一面和永恒的一面。因此我们应该承认亚里士多德的这一功绩，他看到，要得到这两方面的幸福需要一定的机遇，需要满足社会和个人层面的一些条件。在我看来，谦逊又明智是亚里士多德这位天才的特点，他的理论充满了人性。伊壁鸠鲁学派和斯多葛学派面对的是一个更为动荡的历史时期，至少从表面上看来，他们有着更远大的目标。他们试图在乱世创立一种德行，只要求人们拥有能进行哲学思考的智慧……而亚里士多德并没有那么野心勃勃，可能也是因为他更清醒。

① 普罗提诺（205—270），又译作柏罗丁，新柏拉图主义最重要的代表。

② 《尼各马可伦理学》是古希腊哲学家亚里士多德创作的伦理学著作，约公元前330年成书，成为西方近现代伦理学思想的主要渊源之一，为西方近现代伦理学思想奠定了基础。

艾：伊壁鸠鲁主义在当今的内涵与古希腊时期伊壁鸠鲁所创立的伊壁鸠鲁学派并没有太大的关联。我们认为这是一种倡导无节制享乐的学说，而伊壁鸠鲁宣扬的其实是节制……

安：您说得非常对，伊壁鸠鲁主义并不是提倡荒淫无度、大吃大喝的学说。然而，哲学意义上的伊壁鸠鲁主义与通俗和现代意义上的伊壁鸠鲁主义是有关联的，这毕竟是一门关于快乐的学说。不同的是，通俗意义上的伊壁鸠鲁主义者是想要增加物质快乐的人，是追求享乐的人。但伊壁鸠鲁本人并不是，而正好完全相反。实际上，伊壁鸠鲁主义是一种悖论，因为它既是一种享乐主义，又是一种禁欲主义。但两者并不矛盾。伊壁鸠鲁认为，应该尽可能享受生活的乐趣，而尽可能避免生活的痛苦，要达到这一点就必须学会克制欲望；要通过减少物质增加快乐，尽可能降低欲望以获得尽可能多的快乐。伊壁鸠鲁的伦理学所体现的是对欲望本身的研究，是自主选择通向幸福的欲望，而放弃那些注定让我们陷入无休止追寻的欲望，也就是通向不满和不幸的欲望。

艾：伊壁鸠鲁学派提出并不是所有的快乐都值得去追寻，快乐本身并不是一个标准……

安：伊壁鸠鲁认为，任何一种快乐本身都是善的，但并不是所有的快乐都值得去追寻，因为有些快乐会带来更多的痛苦而不是满足。例如，享受酒精本身是一种乐趣（喝酒就是在享受饮品），但酗酒会带来更多的痛苦而不是快乐。相反，任何一种痛苦本质上都是不幸，但并不是所有痛苦都要逃避。有些痛苦过后会带来快乐或者避免更加严重的痛苦。通常看牙医是令人不适的，但比起留着一颗龋齿疼上好几年，接受治疗的痛苦程度显然更轻。

艾："要想漂亮就得遭罪。"这是伊壁鸠鲁主义的格言吗？

安：并不是，对于伊壁鸠鲁主义者来说，美丽没有快乐和痛苦重要。智者不需要美丽的外表就能快乐。伊壁鸠鲁主义不是美学，而是彻底的享乐主义和幸福主义。它提倡的是尽可能去享乐，但为了达到这点，应该选择与幸福相关的快乐，而远离通向不幸和不满的快乐。

慎之又慎

艾：这就是哲学的必要所在，因为要进行选择就必须了解人类和快乐的本质……

安：这也是“谨慎”的必要所在。谨慎不是简单地回避风险。这是一种实践智慧，每个人都知道既存在有害的快乐又存在有价值的痛苦。这门学问甚至先于哲学，并使哲学成为可能。伊壁鸠鲁认为哲学是对谨慎的合理说明。它让我们以最智慧的方式生活，以便在最大程度上享受生活。为了达到这一目标，伊壁鸠鲁建议将欲望分成三个类别：一类是自然而必要的欲望，一类是自然非必要的欲望，一类是非自然非必要的欲望。

艾：您可以就这一点进行解释说明吗？

安：非自然非必要的欲望，比如对金钱、权力或荣耀的渴望，是无止境也是徒劳无功的。这类欲望注定无法被满足，因为人们是永远不会嫌所拥有的金钱、权力或荣耀过多的。因此，渴望金钱、权力或荣耀，就是走向不满足。然而，我说过伊壁鸠鲁主义既是一种享乐主义又是一种幸福主义：快乐是一切善的根本，而我们寻求的幸福（灵魂安息时的快乐）超越一切。因此，我们要放弃追求那些非自然非必要的欲望。至于自然而非必要的欲望，比如对性的渴望，对美貌和美食的渴望，不需要完全放弃，但要小心千万不要成为它们的奴隶。当它们在那里的时候，好好享受就可以了，千万不要把它们看作是得到幸福的必要条件。如果一个女人或一个男人委身于你，或者有人请你吃一顿美食，也没有必要完全拒绝。关键是千万不要将幸福建立在满足这些欲望的基础上，因为并不会总有一个女人或者男人出现来满足你的欲望，你也不会一直拥有足够的金钱来享受美味的大餐。

艾：那么我们应该只渴望得到那些一定能够得到的东西吗？

安：只有自然而必要的欲望才是绝对有益的，无论是为了生存（吃饭喝水），为了身体的舒适（穿衣和居住），还是灵魂的安乐，即幸福（比如交朋友和进行哲学思考）。如果只希望吃饱喝足，有瓦遮头，有衣蔽体，能够进行哲学思考和与朋友交际，那么在和平年代这些愿望几乎是很容易实现的。进行哲学思考？做就行了，而且还能结交朋友。吃饭喝水？不可能做不到。即使无法满足以上这些条件，也没什么大不了，死亡会让问题消失。对智者来说，幸福或死亡是唯一的抉择。很久以前，幸福就触手可及。在伊壁鸠鲁生活的古希腊，人们一般不会因饥渴而死。在富裕的现代国家，人们再也不会被饿死，但并不幸福。伊壁鸠鲁会说，那是因为他们没有把时间花在满足自然而必要的欲望上，或者自然而不必要的欲望上，而是花在了不自然不必要的欲望上，即金钱、权力或荣耀……既然他们的欲望无法得到满足，又怎么会幸福呢？

艾：依据这个观点，我们应该限制自己的欲望，这样就不会有失望和不幸的风险。可这太令人伤心了。

安：对欲望进行分类不是为了禁欲，而恰好相反。伊壁鸠鲁主义是一门享受的艺术，甚至在这层意义上，也是一门幸福的艺术。伊壁鸠鲁主义首先是快乐主义（快乐是一切善的根本）和幸福主义（幸福是至善），在这样的基础之上才可以称其为禁欲主义。禁欲只是方法和手段，绝非目的。诚然，为了最大程度地去享受需要限制欲望，但快乐本身是一件好事，没有任何限制可言！如果想要的只是自然而必要的东西，那就会得到最大程度的享受。伊壁鸠鲁主义者会在一块面包和一杯水中发现最大的快乐，而正如伊壁鸠鲁所说，一个纵欲之人即使被源源不断的美食塞饱，也无法得到满足感，他注定会烦恼、厌倦、焦虑、不满……伊壁鸠鲁最伟大的拉丁门徒卢克莱修[①]说过："只要远离欲望之物，我们就会产生一种超然万物的优越感；当对他物的欲望出现，是我们自己和对生命的渴望让我们一直透不过气来。"

① 卢克莱修（约前99—约前55），古罗马诗人、哲学家，著有哲学长诗《物性论》。

艾：然而，即使我们完全理解了这种真正的幸福学，但还是有一种不想死的欲望一直折磨着我们，而且永远无法被满足，不是吗？

安：伊壁鸠鲁会认为这是一种非自然非必要的欲望。从我们知道生命不是无止境的那时起，幸福的唯一方法就是接受生命是有限的。伊壁鸠鲁对死亡的看法可以如此总结："死亡和我们毫不相干。"为什么呢？因为我们通过感觉认识一切，而死者什么也感受不到。我和我的死亡永远无法碰面，那我为什么还要害怕它呢？只要我存在，死亡就不会出现；而当我死亡时，我已经不存在……伊壁鸠鲁的智慧是一种对待生命的智慧，建立在与死亡一样简单有力的观念——虚无的基础上。伊壁鸠鲁认为，害怕死亡就是害怕虚无，这本身就是荒诞无稽的。对我们现代人来说，"害怕虚无"更接近焦虑的定义（不同于害怕某事某物的担忧）。而伊壁鸠鲁学派也被看作是缓解死亡焦虑的良方，卢克莱修认为生活中的大多数迷恋和激情都与死亡的恐惧有关，激情不过是逃离死亡恐惧的尝试。只要我们没有克服这种恐惧，就很难得到幸福；唯一能够克服它的方法就是理解死亡跟我们毫不相干，并且再也没有什么值得恐惧。总而言之，对生的自然而必要的欲望应该取代不想死的欲望。伊壁鸠鲁绝对不是一个虚无主义者。他在《致美诺寇的信》[①]中说，我们热爱生活，那些一天到晚说要是自己死了或者根本没出生就好的人，只要没有自杀，就是自己在反驳自己。所以，无论伊壁鸠鲁学派是一门享乐的艺术还是幸福的艺术，它首先应该是一门生命的艺术。

① 《致美诺寇的信》是伊壁鸠鲁写给门徒美诺寇的一封信，信里总结了伊壁鸠鲁伦理学说，并指出了获得幸福的方法。

“忍受并克己”

艾：现在让我们谈谈伊壁鸠鲁学派的劲敌斯多葛学派。如果说伊壁鸠鲁学派宣扬的是在快乐中禁欲，那么斯多葛学派似乎更宣扬一种摒除快乐的禁欲主义……

安：或许那是一种禁欲的快乐？伊壁鸠鲁学派是一种享乐的克己主义，而斯多葛学派则完全不同，那是一种建立在道德基础上的唯意志论的克己主义，但也是一种幸福主义。斯多葛学派的禁欲也是为了通向幸福。一种通过道德而不是享乐定义的幸福。康德凭借清晰的头脑和对理论的深入了解，清楚地看到伊壁鸠鲁学派和斯多葛学派是关于至善的两种理论，谈及的都是幸福和道德的一致，但因果关系有所不同：伊壁鸠鲁学派认为幸福造就了道德，而斯多葛学派则认为是道德成就了幸福。

艾：等等！道德怎么可能成就幸福呢？

安：首先，这里的幸福是我所说的禁欲的快乐，这种幸福是由道德上获得的满足感带来的（“意识到自己的德行，就是幸福。”这是康德对斯多葛学派的评价)。从根本上说，幸福就意味着好好生活。好好生活，在伊壁鸠鲁学派看来意味着活得快乐，而斯多葛学派（如爱比克泰德[①]或马可·奥勒留[②]）则认为是活得高尚。优秀的斯多葛学派者一定是道德高尚的人。在这一点上，我们还要谈及对欲望的分类，但是这种分类和伊壁鸠鲁完全不一样。以下就是斯多葛学派的伟大二分法：要么追求你能控制的东西，要么追求你不能控制的东西。如果你想要的是你控制不了的东西（例如健康、美丽、财富），那幸福就具有随机性，而你会受控于你无法控制的东西，比如疾病、经济危机或者意外事故……相反，如果你只想要你能控制的东西，那么你的愿望总是能被满足。因为这些愿望的满足与否取决于你自己！假如我生病了……如果我希望的是身体健康，我就会感到不幸，因为我的愿望没法得到满足；但如果我只是希望能慢慢养好身体，而且我也是这么做的，那我做的就是我想要的，而我想要的正是我所做的，我就能同时感受到自由和满足。我的治疗没有成功？我会死去？这并不取决于我，我能做的只有接受。

① 爱比克泰德（约50—约138），古罗马哲学家，晚期斯多葛学派主要代表之一。

② 马可·奥勒留（121—180），全名为马可·奥勒留·安敦宁·奥古斯都。拥有恺撒称号的他是罗马帝国五贤帝时代最后一个皇帝，于161年至180年在位。马可·奥勒留是罗马帝国最伟大的皇帝之一。

艾：“忍受并克己……”这是斯多葛学派的格言。说起来容易……

安：要注意不能把这当作对偷懒或者消极的辩解！斯多葛学派的智慧是一种接受的智慧。智者会接受一切发生的事，因为这一切都无法由他做主。但是他绝不会什么都不做！相反，斯多葛学派的智慧也是一种行动的智慧。对他能控制的事，智者会放弃恶行，放弃不值得去做的或跟自由相悖的事。而对于其他受控的事，他会尽其所能。如果说伊壁鸠鲁主义是一门享受艺术，那么斯多葛主义就是一门意志力艺术。伊壁鸠鲁学派更愿意去追求几乎都能够被满足的欲望，也就是自然而必要的欲望。而斯多葛学派在某种意义上追求的是一种一定能被满足的欲望，但这种欲望不是自然而必要的。假如出现一个禁止你吃喝的坏人……唯一能被满足的欲望是自己能够控制的，也就是与个人意志有关的欲望。你有水吗？你可以想要喝水。但如果没有水呢？你可以期望有水喝（也就是渴望得到自己不能控制的东西，所以智者不做任何期望），但这与意志力毫无关系。智者在这种情况下想要的不是水，就像我们有时认为的那样（口渴是他无法控制的），而是想要适度地忍受口渴，他也是这样做的。这样的例子数不胜数。如果你生病了，你希望变得健康，这不是一种意志力，而是一种期望，因为你无法控制。期望不是一种你想满足就能满足的愿望。如果有可能，你最好希望自己能够慢慢康复，如果死亡无法避免，最好有尊严地接受死亡。接受那些不受我们控制的事物，决定权还在我们手中。

艾：也就是说尽可能减少期望……

安：……为了使愿望尽可能得到满足！智者承认对任何事物都没有期望，他所拥有的是意志，也就是接受（一切自己不能控制的事）和（为一切自己能控制的事）行动。这就是为什么他是自由的（他做的是自己想做的）；这就是为什么他感到幸福（他想要的一切都会发生，因为他只想要会发生或者自己在做的事）。这说明要摆脱期望，就要学会控制自己的意志。这就是塞涅卡在《塞涅卡道德书简：致鲁基里乌斯书信集》里所说的那句名言的意义所在。他这样写道："当你忘记了期望，我便教会你运用意志。" 当你忘却了期望得到那些自己无法控制的东西，那些导致不幸的东西，我便教会你怎样去期望得到那些自己能控制的东西，那些给你带来自由和幸福的东西。

极端的智者

艾：最受我们控制的东西难道不是自己的意志力吗？

安：没有什么比意志力更受我们控制的了。如果说智者是自由的，不是因为他放弃了欲望，而是因为他的欲望的满足全受他的控制，他想要的都在意志范围内。正是由于他没什么期望，所以也没什么担心，内心就变得尤为平静（这就是斯多葛学派所谓的不动心）。由于他的意愿都已经被满足（因为是否满足取决于自身），他就会感到十分幸福。因此，斯多葛学派的道德主义同时是一种幸福主义。如果只想得到自己能够控制的东西，就能好好生活（这是道德意义上的“好”，斯多葛学派认为当人们想得到自己无法控制的东西时就是在行恶），同时感到满足的幸福。

艾：在像机遇一样的幸福（想要的不取决于自己）和通过意志获得的幸福（想要的取决于自己）之间，我们应该选择后者而放弃前者……

安：对斯多葛学派来说确实如此。对于斯多葛学派以及伊壁鸠鲁学派来说，偶然的幸福是需要被消灭的。这使他们的智慧蒙上了些许不人性和不可信的色彩。如果你只想要自然而必要的东西，伊壁鸠鲁主义者就会说，除了自杀外，偶然永远不会打击到你。再者，由于死亡什么也不是，偶然和死亡对你来说都没有意义。如果你只想要自己能够控制的东西，斯多葛主义者就会说，命运不会跟你作对，当然除了自杀外。但由于死亡不是道德上的错误，只是道德上的损失，那么死亡也就不是一种恶。所以请安详而高贵地死去吧！

艾：多么奇怪的幸福论……

安：是的。伊壁鸠鲁学派和斯多葛学派创造了两种坚不可摧、牢不可破的幸福，是偶然永远无法动摇的。我也在其中看到了缺陷和不现实的成分。我刚才说到的亚里士多德以及之后会提及的蒙田，他们的思想中有更多差别化和人性化的东西。无论伊壁鸠鲁学派和斯多葛学派有多么伟大、多么重要，我都觉得他们有些独断和极端。他们过度简化了生活。诚然，他们指出了幸福论的两个方面：幸福是一门享乐艺术，也是一门意志力艺术。但无论是享乐艺术还是意志力艺术，都无法保证我们能够获得幸福。从构词法的角度看,幸福意味着“美好时刻”，美妙的瞬间，美好的财富，关于机遇与偶然。如果我的孩子得了绝症，我怎么可能会幸福？斯多葛学派会说只要我不期望他马上恢复身体健康，而去想自己能控制的事（照顾他，勇敢地接受他将死的事实……），那什么也无法阻止我获得幸福……还是这个理由！

艾：说得是……

安：我很清楚自己不可能不希望他能活下去，所以，我无法成为斯多葛主义者。但这不意味着我拒绝斯多葛学派，它让我承认了自己的懦弱。但就因为这种懦弱是真实存在的，必须将其纳入考虑。伊壁鸠鲁学派也是一样。伊壁鸠鲁主义者会向我指出，希望我的孩子获得健康不是一种自然而必要的欲望，我不应该有这样的欲望。说得倒是轻巧！我很了解自己完全做不到。这两种智慧是伦理上的极端分子。蒙田说："过于偏激的智慧就像疯狂一样毫无缓和余地。"他说得在理。斯多葛主义和伊壁鸠鲁主义是极端的智慧，在这一点上又可以说明他们缺少智慧。而亚里士多德和蒙田带给我们的是一种并不如此特殊的智慧，一种面向大众、面向日常的智慧，一种为了你我这等非智者的智慧。

亚里士多德的第三条道

艾：亚里士多德的智慧采取了中间的立场，是一种“中道”，更加符合人类的本性。幸福取决于我们自己和我们的道德，但也取决于物质和精神财富……

安：亚里士多德用“和”取代了伊壁鸠鲁学派和斯多葛学派的“或”。伊壁鸠鲁学派和斯多葛学派的表述模式如下：这是一种自然而必要的欲望，或者是其他情况；你能控制，或者你无法控制。亚里士多德则认为，所有的欲望都是人类生活的一部分，因此也是幸福的一部分，应通通接受。亚里士多德也认为，幸福论是一门关于幸福生活的艺术。他也明白，追求幸福的过程中存在着一些我们不能控制的因素。为了幸福，我们必须遵守道德规范、自由并“将自己的生活掌握在自己手中”，但同时又需要远离悲惨和不幸；我们要去交朋友，要让自己身体健康，我们要让祖国不遭受侵略、也不发生内战。所有这一切，我们都无法控制，或者说只能控制极少一部分。苏格拉底、斯多葛学派和伊壁鸠鲁学派所宣扬的痛苦之下也能幸福的论调，在亚里士多德看来就是“毫无意义的空谈”。

艾：那您赞同他吗？

安：是的。没人能得到的幸福还算是什么幸福呢？诚然，亚里士多德的幸福论在某种程度上跟道德相关，取决于我们自己，但在另一方面，也受外在和偶然因素的影响。我们并不能完全掌控幸福，这是亚里士多德理论上的缺陷，却是实践中的优势，因为这种幸福论更接近我们的生活经历或者说人性。还要注意的是，除了这种偶然和限制的、模糊和摇摆的、日常和相对的幸福外,还有一种截然不同的“理论”和“静修”的幸福。这里的“静修”涉及的是精神修行的含义。亚里士多德的天才之处体现在他没有放弃任何一种幸福：一方面既有含运气成分的相对幸福，另一方面也有涉及智力和精神生活的幸福，一种永恒的快乐。我们要关注的不是其中一种，而是这两种幸福。如果我们可以部分达到这两种幸福就很不错了（“尽己所能”，亚里士多德如是说）；如果因偶然或者自身不足没有达到也就算了。哲学无法保证不发生任何风险。

运气之于小幸福

艾：如果承认幸福的获得包含某种运气的成分，那就无法给出获得幸福的一些准则了吧？我们不得不接受康德所认为的“幸福是一种不明确的概念”，我们也无法道出其中的任何具体和确定的东西。

安：幸福，在康德看来，意味着满足所有的偏好和欲望。这也是幸福的概念不明确的原因。每个人都想要幸福，但没有人确切地知晓如何获取幸福！康德认为，所以需要“一个绝对存在，当前状态和将来所有条件下能实现的最大程度的安乐”，这是任何经验论都无法触及的。所以，人世间的幸福是无法获得的，我们甚至无法想象其细节。我们总有无法满足的欲望，因此我们无法达到绝对的幸福。正因为如此，幸福是一种理想，“不来自理性，而源于想象”（康德语）。我们可以去梦想幸福的模样，但无法思索它，更无法体验它。

艾：至少我们可以努力让自己变得道德高尚。

安：我们可以也必须这样做！但是对于幸福来说，这又是不够的。康德认为至善，也就是幸福和道德的一致，在人世间触不可及。古希腊哲学家曾认为幸福造就道德，或者道德造就幸福。无论如何，两者都是齐头并进的。而康德认为经验已经推翻了这种概念。这个世上有幸福的混蛋，他们比很多善良的人更加幸福，因为这些善良的人有时会遭受更大的不幸。在我们的世界里，幸福和道德不是齐头并进的，不是因为两者无法并存（康德在这一点上并不悲观），而是因为没有什么能保证两者的结合、平衡和并存，也没有什么能保证道德高尚的人就一定能获得幸福。

艾：那他应该怎么做呢？

安：他只能在另一个世界、另一段生命中实现这种共存，假设死后继续存在另一种生命和进行判决的上帝，如此善良的人就能最终获得幸福而坏人会受到惩罚。这就是基督教的赏罚观，即天堂和地狱。从此，我们要少去关心给我们带来幸福的事物，而应该重视让我们值得活着的事物。这是道德的基本原则："像你有多值得获得幸福一样去行动。"你会获得幸福吗？在人世间，没有什么能够保证。所以应该相信上帝和来世的存在，这样才不会对人世间的生活失望。这是康德"实践理性的公设"，也是宗教的核心。这并不能证明上帝存在（公设不是证据），也不是迫使我们去信仰上帝（公设也不是义务），只是让我们接近上帝，因为这是一个道德主体避免陷入无意义的唯一方式。这是康德主义的"希望视域"，也是其宗教的一面。康德强调幸福和道德的分离以及人世间无法保证两者的结合，又特别重视道德。首先应该完成自己的义务；如果幸福会来，只会在来世降临。在这层意义上，这位德国哲学家的思想较之伊壁鸠鲁学派更接近斯多葛学派——虽然不同于斯多葛学派，他只相信死后的至善。如果我们值得获得幸福（这是道德的内涵），我们可以希望在来世获得（这是宗教的内涵）。至于没有宗教信仰的人，他们也无法免去道德的义务，只要他们足够清醒就注定会失望……

艾：因此，我们绝对不该为了获得幸福而去做善事……

安：如果该行为带有条件，那就不能算是善行（善行暗含着无条件的义务）。如果做好事是为了得到幸福，那就是自私，也就不具备道德价值。例如，一位基督徒行善是为了得到救赎，就不是真正的行善（因为带有私心），也无法得到救赎。一边想着施舍流浪汉，一边想着可以减少自己在炼狱的时间，这也是自私的行为；对那些相信炼狱存在的人来说，这不会改变他们受折磨的时日……因此，行善的唯一方式是不求回报。从这点看，道德就避开了期望。如果完成“善举”是期望从中获利，那该行为从道德角度看就不是善的，而是有利益性的，是自私的。行善是尽义务，正如康德所言，“不要对此有任何期望”。从根本上说，道德并不需要期望。所以道德才能解释期望的正当性。对幸福的期望不是道德的条件，道德才是期望的条件。

坏人的幸福?

艾：所以我不能期望有一位神明会因我尽了义务而奖赏我吗？

安：这么期望当然可以！但不能以此作为行动的理由。从根本上说，道德不具备功利性：我们尽义务是因为这是我们的义务，不应该有其他目的。另一方面，宗教会自然而然让我们产生得到奖赏的希望……康德提出了哲学的三大问题："我能知道什么？""我应当做什么？"和"我可以期望什么？"第一个问题"我能知道什么？"是理论问题，涉及认识的局限和条件，康德写就了《纯粹理性批判》。第二个问题"我应当做什么？"是道德问题，康德为此写了《实践理性批判》。第三个问题"我可以期望什么？"是宗教问题，由此诞生了第三部伟大的著作《判断力批判》。真相就在这三部作品中！这三个问题没有太大的差别。宗教赋予人的不是知识也不是道德（自由和现代精神的代表康德明白，科学研究和高尚的行为不需要有对上帝的信仰），而是一种期望。因此，要符合道德的要求，尽自己的义务而不怀任何期望，同时要遵循宗教的要求，生前为善才能期望死后得到幸福。但不能以这种期望为善行的动机。康德引发的革命旨在把道德从宗教中解放出来，让宗教服从道德。不是因为信仰上帝才积德行善，而是因为积德行善可以期望得到来生的幸福。这或许才是康德真正的革命，再也不是宗教造就道德，而是道德造就宗教。

艾：对古希腊人来说也是如此，没有道德，幸福就无法企及。智慧或道德的生活比起一丝道德感都没有的放纵生活更让人觉得幸福……

安：17 世纪时还是如此，斯宾诺莎[①]就认为智者比无知者更幸福，因为智者了解并热爱真相，而无知者被自己的欲望牵着鼻子走……然而现代意义上的道德，指的不再是对真理的认识，而更多是与他人的关系：现代有道德的个体是不自私或没有其他人自私的个体；而坏人非常自私，将自己的快乐建立在他人的痛苦之上。可是从这点看，道德对幸福来说是不够的，很多情况下正是因为我们为他人担心而变得不幸。我们所爱的人遭受的痛苦是我们获得幸福的绊脚石，人类的不幸使我们无法获得充分的幸福。我们无法再去相信古希腊人的卓越智慧，也不再相信古典哲学高

① 巴鲁赫·德·斯宾诺莎（1632—1677），犹太裔荷兰籍哲学家，近代西方哲学公认的三大理性主义者之一，与笛卡儿和莱布尼茨齐名。

尚的乐观主义。现代社会让我们懂得幸福和道德并非如影随形，有时甚至会针锋相对。就如《传道书》中的至理名言："多有智慧，就多有愁烦；加增知识，就加增忧伤……"

艾：为了获得幸福，我们应该放弃对真理的追寻，不去看清真实的世界吗？

安：当然不是！我们对真理的热爱，我愿称之为明智，决定的更多是与自身的关系而非与他人的关系。在我眼中，真理更是一种智慧而不是道德，所以和幸福有关。真正的幸福都与真理有关，假如生活在谎言和虚幻中，那我们只能了解虚假和虚幻的幸福。哲学研究的幸福论的目的是获得尽可能多的幸福，但不是任何形式的幸福都可以。没有人能从毒品或幻想制造出来的幸福中看到智慧。智慧是一种真实的幸福，最明智的幸福。我们只能说，道德对幸福来说是不充分的。

艾：伊壁鸠鲁提出节制快乐，难道不是忽视了人的本性吗？人的本性不是渴望和渴望更多吗？

安：是伊壁鸠鲁对人类心存妄想，还是我们无法成为伊壁鸠鲁主义者？是他对人类的看法出了错，还是我们太懦弱？在保留至今的最后几封信中，伊壁鸠鲁在临死前向朋友倾诉："我在一生中最幸福也是最后的一天给你写信。肾脏的疼痛无以复加，但一想到我们之间的对话，我就感到无比快乐，以至于病痛都被抵消了。"当我们无法成为伊壁鸠鲁主义者时，伊壁鸠鲁就是错的。但如果我们有能力成为伊壁鸠鲁主义者，那他的话就是对的。从这一点上我们也能看出哲学和智慧的不同。哲学是言论，而智慧是实践、经验和生活方式。虽然这么说，但也有这种或那种智慧。必须承认成为真正的伊壁鸠鲁主义者和在痛苦折磨中获得幸福实在困难。普通人无法领悟伊壁鸠鲁的智慧，它对伊壁鸠鲁有用，但对我无能为力。所以我只得寻找另一种智慧。

第二场

巴洛克时期的欲望

霍布斯、帕斯卡和斯宾诺莎所在的17世纪对幸福的见解不同以往，由此开启了对缺失和欲望的辩论。

像霍布斯一样思考，像伊壁鸠鲁一样生活

艾：您刚才说到另一种智慧。让我们在历史中往前迈进一步。那是一种更能反映人性的局限和憧憬的哲学吗？所以应该采纳认为人的本性就是渴望和渴望更多的霍布斯的论点吗？

安：尽管霍布斯也是一位唯物主义哲学家，但他的观点跟伊壁鸠鲁截然相反。实际上，霍布斯认为限制获得彻底满足的人的欲望是不可能实现的。为什么？因为时间滋长欲望。霍布斯强调，对自然界而言，只有现在和当下。但人类的想象能畅游未来。这就是为什么霍布斯认为幸福“不在精神得到满足的休憩中”。他认为既没有至善，也没有终极目标：“欲望已经到达终点的人不会比停止感受和想象的人活得更好。”伊壁鸠鲁学派的不动心，就是死亡。对霍布斯来说，幸福不是停歇，而是“从一个欲望目标到另一个的持续过程，对前者的获取只是达到后者的手段”。人类最想获得的不是快乐而是权力，霍布斯总结：“全人类共同的爱好，便是对权力永恒的和无止境的追求，这种追求至死方休。”

艾：权力和幸福有什么关系？

安：“一个人的权力就是他当前用以追求某种未来表面之善的手段。”既然欲望有时间性，既然如霍布斯所言“人类欲望的目标不是一次或一时的享受，而是让通向未来欲望之路变得永远平坦无阻”，所以任何欲望都是将来的欲望，也就是对权力的欲望。现在我们离伊壁鸠鲁越来越远了！至善的幸福论被对权力无尽追寻的权力论所替代。那么问题就在于推动我们前行的是寻找幸福还是获取权力，抑或两者都是。我认为霍布斯对人性的看法很大程度上是对的，而伊壁鸠鲁对幸福的看法是正确的。霍布斯的人性论更真实，而伊壁鸠鲁的伦理学更公正。如果非要选择，那就像霍布斯一样思考，像伊壁鸠鲁一样生活……

艾：最好再聊聊道德……

安：幸福揭示更多的是伦理这门生活的艺术，而不是由义务构成的道德。幸福不能被控制，也不能控制别人。活得幸福不是一项义务！有时我们必须在伊壁鸠鲁的伦理学和霍布斯的人性论中做出选择，但这并不意味着两者不能兼容。如果说霍布斯对人性的看法是正确的，那就意味着我们永远得不到绝对的幸福，无法得到完全的满足，也永远无法成为绝对的智者。我赞同这一点。但是无法成为一位绝对的智者并不等于要成为一个傻子！智慧也有不同的程度，我们或多或少可以变得聪慧一点。在我看来，蒙田就是这种相对智慧的最好代表：或多或少的智慧加上或多或少的疯狂，或多或少的幸福加上或多或少的不幸。

艾：重要的是努力追求智慧……

安：重要的是，向智慧不断靠近。我们确实无法获得绝对的智慧，但也不能因此将自己封闭在愚蠢中，更不能以无法知晓一切为借口而放弃学习探究。智慧也是同理，不能因为无法获得绝对的智慧就放弃接近智慧。懂一点总好过一无所知。

欲望无法造就幸福

艾：您刚刚设想出的伊壁鸠鲁和霍布斯之间相隔了几个世纪的对话，让我想到了另外一场对话，那就是卡里克勒斯和苏格拉底的对话，只不过他们是同时代的人。卡里克勒斯认为幸福指的是有能力获得幸福，也就是使用所有手段滋养和满足最大的欲望。只有拥有才能、财富、天赋的最强大的人才能获得这种幸福。苏格拉底反驳这种观点，他说如此生活会让我们陷入一种永远无法满足的状态，因为欲望的本性就是贪婪。苏格拉底的回答真的具有说服力吗？

安：我非常赞同苏格拉底对道德的看法，卡里克勒斯对最强者的权力所做的辩解是不道德的。但不同于苏格拉底，应该承认幸福和善是不相干的，失败的好人通常不比成功的坏人幸福。所以在苏格拉底和卡里克勒斯的论战中，我谁都不支持。苏格拉底是错的，（道德角度的）善和幸福是不相干的两件事。卡里克勒斯也错在这点上。虽然成功的坏人会感到幸福，但在道德上应该受到谴责。还是苏格拉底在这一点上更有道理，坏人不太可能获得真正的幸福，因为他渴望的权力、财富和荣耀是永无止境的，他会一直想要更多，就像达那伊得斯姐妹之桶[①]。假设幸福是拥有渴望之物，那卡里克勒斯所描述的偏激之人永远无法获得幸福。因为一旦他得到了一样东西，就会想要更多，所以注定无法得到满足。

艾：所以，欲望不会得到满足而会产生更多欲望……

安：只要欲望没有得到满足，那首要的就是满足欲望。但满足以后呢？如果欲望是对缺失的追求，正如《会饮篇》中苏格拉底想要证明的，你就只好渴望得到别的东西，没有的东西……那你怎么可能会幸福？你想成为百万富翁吗？你不会幸福，因为没有得到渴望的东西。你中了一百万的彩票呢？幸福只会持续很短的时间，很快你又会产生其他欲望，例如被人爱或者成为亿万富翁。虽然原因不同，但苏格拉底和卡里克勒斯都是错的。道德成就不了幸福，反之亦然。但这并不意味着要放弃其中的任何一个。

① 达那伊得斯姐妹之桶，源自古希腊神话，指无法填满的无底洞。

艾：所以幸福不存在于欲望的满足中……

安：幸福，是得到渴望的东西。但当欲望是对缺失的追求时，我们渴望的就是缺乏的东西。这就意味着我们永远无法拥有渴望的东西（一旦拥有，我们就停止了渴望），因此我们永远无法幸福……相反，如果我们渴望得到的是我们正在做的或已经存在的东西（我们不缺乏的），那欲望的满足能带来幸福。如果行走时，你渴望行走，吃饭时，你渴望吃饭，那你的愿望就会得到完全的满足，什么也不能阻止你获得幸福。要靠自己决定是继续成为缺失的奴隶，被将来的欲望（期望）囚禁，还是活在当下，渴望那些正在做或正在享受的事物。可难就难在欲望之门总是自动朝着缺失打开，我们只会想要缺失的和期望的东西。然而造就幸福的不是缺失而是快乐，不是期望而是爱和行动。

帕斯卡的天才之处

艾：只要活在当下我们就可以在拥有中感受到幸福吗？另一位哲学家帕斯卡却说我们永远无法在当下获得幸福，我们穷其一生等待幸福来临或者担心幸福不会长久。这就是为什么我们永远无法获得幸福。“我们从不去体验幸福，却渴望幸福，我们总是为获得幸福做着准备，却永远无法感受到幸福。”

安：将幸福等同于拥有？我不是很赞同。因为所有此刻拥有的都可能会失去，这就是为什么幸福感会在焦虑中土崩瓦解……将幸福等同于活着？这暗含着我们必须有所成就，只要活着就能感到幸福……简单做一个实验：在房间里待一天，什么也不做。我们就会发现简单活着还不足以带来幸福，反而会导致烦恼、焦虑、不满和悲伤……所以“幸福”不等同于“拥有”或“活着”。幸福在于行动，人只有从做的事中才能感受到真切的快乐。人类唯一的幸福是行动的幸福。

艾：让人独自在房间里待上几分钟，会到处走动或感到无聊甚至陷入绝望，认识到自己的一无是处并且注定因一死而变得一无是处。因此人类总是靠着不断追逐幸福来逃避现实的焦虑。如果帕斯卡说得没错，那么追求幸福只是一种幻象，一种逃避和忘却自我的方式，通过酒精、噪声、工作和游戏……

安：保尔·瓦雷里[①]曾评价帕斯卡是一位“可怕的天才”。他的天才之处在于他对人性和心理的精准剖析。在这一点上帕斯卡无人能及，他像一束强光照见了人的本质。他指出人无法与自己面对面而不感到烦恼、恶心和失望，因为人会发现自己的渺小和未来的虚无。我是谁？几乎什么都不是。什么在等待我？虚无、死亡。这就是“消遣”的由来，帕斯卡认为消遣是我们强加给自己的一连串事务，看上去是为了幸福，事实上，只不过是为了避免意识到自己和死亡。国王打猎看起来是为了猎杀兔子……但若人们给他一只熟兔子，很明显兔子无法令他幸福。重要的不是抓住兔子而是打猎，不是兔子而是追捕的过程，因为追着兔子跑的时候就不会想到死亡……这是人类的悲哀。我们假装幸福，是为了忘却我们并不幸福以及我们终将死去。

① 保尔·瓦雷里（1871—1945），法国象征派诗人，法兰西学院院士。著有《旧诗稿》《年轻的命运女神》《幻美集》等。

艾：然而，帕斯卡也认为我们可以期待来世的幸福……

安：是的，在帕斯卡看来，这是人世间唯一的幸福！为什么我们现在不幸福？因为我们只期待未来，而未来从来就不存在。帕斯卡解释说因为人从不为现在而活，人很少为过去而活，更多的是为将来而活。正如您刚才引用的这段话："我们从不去体验幸福，却渴望幸福，我们总是为获得幸福做着准备，却永远无法感受到幸福。"

艾：那应该放弃幸福吗？

安：帕斯卡认为不应该放弃，而应当在宗教中寻找幸福。"这一世的幸福在于对来世的期盼"，帕斯卡曾写道。说到底，这还是"帕斯卡赌注"[①]的论调：宗教对这一生和将来都更有益。对此我持怀疑态度。退一步说，什么时候思想必须服从于是不是更有益的衡量了？这不就等于将灵魂卖给出价最高者……回到幸福的话题上，如果帕斯卡有一定道理，无神论者免不了遭受

① "帕斯卡赌注"是帕斯卡在《思想录》中的一种论述：我不知道上帝是否存在，如果他不存在，作为无神论者没有任何好处，但是如果他存在，作为无神论者我将有很大的坏处。所以，我宁愿相信上帝存在。

失望也就是不幸。我对“也就是”表示质疑。我同意帕斯卡认为明智的无神论者将遭受失望，因为最终等待他的只有死亡。但我不认同失望就一定是不幸。

艾：什么意思呢？

安：我们可以设想（我曾体验过）一种幸福的失望或失望的幸福，我称之为“快乐的失望”。这是除信仰外我唯一可想到的幸福。我们只渴望得到不曾拥有的东西。假设我们希望得到幸福，那是因为我们并不幸福。相反地，幸福之人可能不再有所求。这就是我们所称的智慧。因此对无神论者而言，无所求和幸福可能同等重要。只要我渴望幸福，我就是不幸福的；当我幸福时，我就没什么好渴望的了。这也是斯宾诺莎的思想，他曾在《伦理学》中阐明：“既没有不令人担心的渴望，也不存在没有渴望的担心。”这说明，智者无所畏惧（即所谓的从容），同样也无所欲求（无论期待什么，都会担心期望落空）。他再也没有欲望了！正如斯宾诺莎的名言“欲望是人之本性”，如果智者没有了欲望，那他就不再是人。但是因为他只想要现有的（不再是期望而是爱）或者正在做的（不再是期望而是意志），因此斯宾诺莎的幸福是摒弃希望的幸福。这不是一种悲伤的幸福，而是一种无欲无求的幸福。现实就足够了。否则我们想要的也只是现实之外的东西。东方的传统思想，尤其是佛教和印度教中也有相似的观点。《数论颂》[①]（其中也提到了《摩诃婆罗多》[②]）中写道："只有失望之人才幸福。因为希望是最大的折磨，而失望才是最高的真福。"希望是最大的折磨，因为人们总是希望得到自己没有的东西。而失望是最高的真福，因为只有无所期望的人才能充分享受当下。正因如此，我从我的第一本书（题为《论失望与真福》）开始就一直在谈论失望的智慧。期望将我们禁锢在缺失当中，对幸福的期待和追求让我们远离幸福。这种智慧的关键在于不再期盼幸福，而这才是体验幸福的唯一方法。

① 《数论颂》是印度古代数论派哲学的主要经典之一。

② 《摩诃婆罗多》是享誉世界的印度古代梵文叙事诗，与《罗摩衍那》并列为印度的两大史诗。

第三场

哲学的悖论

生活在对幸福的期待中，一心只为幸福而活，或许是不幸的开始。哲学家说，为了得到幸福，就不该去寻找幸福……

不幸的缺席

艾：康德认为幸福是满足所有的喜好。难道这种对幸福的定义不会让幸福变得更加触不可及吗？

安：实际上……如果这种定义是恰当的，那我们可能永远都无法幸福。这就是为什么我建议换一种定义。康德认为道德和幸福之间有一道不可逾越的鸿沟。难道就要因此放弃幸福？我不这么认为。事实上，将幸福定义为对所有爱好的满足更像是所谓的“至福”，是永远无法达到的。因为欲望无穷无尽、变化无常，总是不断重新开始，怎么可能都被满足呢？这只是一个梦想，而不是一种经验！对幸福的思考最好还是以确实可靠的经验为参照，也就是对不幸的体验。不幸之时所有的快乐都变成了不可能。早上起床觉得今天一点儿都不开心，可能是因为失去了挚爱，可能是因为正忍受着某种无法治愈的病痛，可能是因为生活悲惨……快乐对不幸的人来说会变得遥不可及。相反地，虽快乐并不常在，但在快乐可随时出现的任何时刻都可以被称为“幸福”（快乐的出现不需要有改变世界秩序的大事发生）。早上起床感觉快乐会随时发生，这就是幸福。这并不意味着没有了烦恼、担忧或悲伤。谁又能摆脱这些呢？就算生命中真正的不幸来临，也不会有所不同。没有遭遇不幸是多么美好！得知快乐就在身边是多么美好！

艾：这是对幸福的不同定义。

安：定义本身没有价值，它的价值在于帮助我们去思考和生活。如果人们认为“幸福”意味着稳定不变的快乐，那就误解了快乐和幸福的概念。快乐是变幻莫测和斯宾诺莎口中的“转瞬即逝”，而幸福只是容纳随时出现的快乐的内在空间（但面向世界）。没有这些体验，我们会荒谬地因感受不到幸福而变得不幸。应该反其道而行之。走出不幸后，应参照不幸的体验；当处于快乐之中或想起曾拥有和将到来的快乐时，应参照快乐的体验……幸福就应建立在这种快乐之上，而不是在触不可及的全福上。如果为了得到幸福，期待着所有欲望都能够被满足，那将永远不可能幸福。不如转换想法，为没有遭遇不幸而感到幸福！

艾：您所提出的这种新的定义难道不是把幸福变成了不幸的简单对立面吗?

安：我给出的定义比康德的更朴实，但这并不是对不幸的简单对立。幸福意味着没有遭遇不幸，同时也意味着快乐可以立刻出现，更不必说快乐是真实的。快乐不会一直都在，会走会来，没有任何无法克服的障碍能让我们与快乐分离。在这一点上，幸福与想象联系在一起，这种想象是生命的一部分，也是真实生活体验的一部分。这让我对一件长期困惑着我的事豁然开朗。大多数法国人在问卷调查中被问到是否幸福时都会回答“是”。自从我更加理解幸福后，就更加理解这个答案了。之所以差不多 80% 的法国人都认为自己是幸福的，明显不是因为他们一直活在快乐当中，也不是因为他们所有的欲望都得到了满足，而是因为他们认为自己的生活并不是不幸的。他们的这种感悟随着曾经历的不幸或曾见证周遭的不幸而变得更清晰。他们觉得快乐是目前可获得的，相信快乐在今天或者本周内就会到来，快乐的时刻有时很集中有时又会分散开，这些时刻足以成为生活的意义，赋予生活时而苦涩的幸福滋味。

艾：您的幸福观还真是朴实无华。

安：是的，因为幸福也是这么朴实无华。我给出的定义具备符合生活体验的优势。幸福不是生活的绝对状态，而是一种相对的模式，有高低起伏，有快乐来去……只有真的不懂忧患或憎恶生活的人才会对这样的幸福嗤之以鼻。不存在绝对的幸福（至福），只要我们没有不幸，就或多或少是幸运的，或者是近乎幸运的。别再挑三拣四，也别成为唾弃现实的虚无主义者或颓废主义者。生活教会我并让我更加接近智慧的一件事，便是：近乎的幸运，其实是一种幸福。

生命的意义

艾：想到幸福，我们自然就会想到生命的意义，就好像幸福是存在的全部目的……

安：这或许是一个陷阱。不过我更觉得情况正相反。我们最幸福的时刻（此时的快乐是真实、炫目和震撼的）往往是不去思考生命的意义这种问题的时候。是因为我们发现和理解了生命的意义吗？当然不是。而是因为此时此刻的生活已经将我们填满。

艾：您如何理解“意义”（sens）呢？

安：这是一个比较难的概念。首先因为它有两种意思，一种涉及含义（如句子的含义），一种涉及方向或目的（如河的流向，动作的方向）。但无论从哪种意思看，意义都指向自身以外的其他事物。一个词的含义并不是这个词（比如我问“您要一杯咖啡吗？”“一杯咖啡”里的“杯”并不指杯子，而指的是咖啡）。一个动作的方向也不是动作本身。例如，我从巴黎开车到马赛，马赛就是我去的方向。乘飞机从纽约或北京去也是一样，世界各地都可以通向马赛。除了唯一一个无法通向马赛的地方，就是马赛。既然在那里，就无法去那里。方向总是指向别处，而我们总是在这里。意义只能在别处，现实只能在此处。

艾：您能从中得出有关幸福的什么结论呢？

安：生命的意义只能指向（宗教传达的）来生或者（我们期望的）另一种生活。如果我们追求的不是真实的生活，那是因为我们对真实的生活感到不满足，因此我们是不幸福的。幸福只有对不幸的人来说才是生命的意义。幸福的人只会寻求生活的真实、经历和千变万化。这就是为什么幸福的体验与意义无关，幸福是经历现在、真实和可知的真相。蒙田说，生活“本身就是目标”。生活的目的，就是活着！最大的幸福，是经历生命的意义这个问题不再浮现的时刻（或称永恒），因为此时此刻的生活已经将我们填满。

艾：如果活着就够了，那为什么还需要哲学家帮助我们思考幸福呢？

安：因为活着大多数时候是不明就里的。不需要哲学就能感到幸福的人具有一种天生的智慧。这不是说他们不需要进行哲学思考或不对生命和世界提问，而是因为他们对哲学的需要没有如此迫切。对于其他人来说，例如我，越是无法热爱生活原本的模样就越需要哲学的帮助。

艾：所以，幸福就是将生活看作生活本身的目的吗？

安：生活是目的，但幸福不是！如果对生活的热爱是有条件的，如果只热爱幸福的生活，那所爱的就不是生活而是幸福。无论经历的生活是好还是坏，都是自己的生活。而自身的欲望会让人与幸福分离。只要渴望的是幸福而不是生活，那就会出现以下两种情况：要么渴望的是一种不曾拥有的幸福（所以会不幸），幸福就被无限期地推迟；要么渴望目前的幸福能够长久而害怕幸福不再继续，幸福会因焦虑和担忧而消散。幸福的秘诀在于，停止找寻就会得到。不是因为已经找到，而是因为懂得重要的不是幸福，说到底幸福就是一种思想、一种理想，重要的是真实的生活，是生活本来的样子，它可能是幸福的也可能是不幸的。福楼拜曾说："幸福这个词让人留下过多少眼泪！没有它我们可能会活得更平静些……"他说的不是完全没有道理。从"幸福"这个词存在之初起，就必须慎用，不要被幸福蒙蔽了双眼。如果我们爱的是幸福，生活就会将我们与幸福分隔。相反，如果我们爱的是生活，包括生活的痛苦、焦虑、不幸，只要我们活着，我们爱的对象就会一直存在。所以才会出现这一悖论：只有停止寻找幸福的人才能幸福；只有热爱生活多过热爱幸福的人才能幸福。哲学家阿兰[①]进一步解释说："幸福是对从不找寻它的人的一种奖赏。"

---

① 阿兰（1868—1951），原名爱弥尔－奥古斯特·夏提埃，笔名阿兰，法国哲学家、记者、作家。毕业于巴黎高等师范学校，著有《幸福散论》等。

学会享受

艾： 哲学能够帮助我们去实践这个悖论吗？

安： 即使生活不总是可爱的，也要把对幸福的期待转变为对生活的热爱。为什么？并不是因为生活有价值才去爱它，而是因为对生活的热爱赋予了生活价值。爱并不屈从于所爱对象的价值，爱是价值的创造者。正如斯宾诺莎所言："不是因为一个东西是好的所以我们才想要，而是因为我们想要才判断它是好的。"因此从理论层面看，哲学是对思想的研究，从实践或者情感层面看，又是对欲望的研究。哲学关乎学会生活，学会享受，学会消遣，也就是学会去爱。

艾：一旦我们开始对生活的意义进行思考，我们就一下子被排除在幸福之外了。

安：弗洛伊德说过："一旦我们开始对生活的意义进行思考，那我们就病了。"我的想法并不那么极端。阻止自己对生活的意义发问只是徒劳。关键是尽早懂得幸福产生在这个问题不再出现之时。那可能是受到启示的一刻，幸福闪现的一刻，也可能是恍惚的一刻，或者是一种简单的体验。一次开心的散步、甜蜜的恋爱、与朋友共度的美好夜晚，就会让人突然意识到像散步、爱情、友情这样的经历就是幸福，根本不需要用意义去证明。这样的经历是如此圆满、如此幸福、如此简单。从那时起，我们不再寻求意义本身，而去体验真实、真相和当下。对有的人来说，对"生活的意义"的追寻最终往往会走向宗教，因为他们所寻找的意义只能在他处寻得：生命的意义只能在于死后的来世，世界的意义只能在世界之外。而哲学家并不是解读宗教经典的人，他所追寻的不是意义，而是真相。智者找到的或者说拥有的也不是意义，因为意义总是不完美的。智者找到或拥有的是真实或真相，因为真实总是存在的，因为真相是永恒的。真实和真相构成了意义，传递了意义，带来了意义又带走了意义……

艾：我们不是倾向于认为只有能带来幸福的生活才值得过吗？

安：只有对热爱生活的人来说，生活才是有价值的。幸运的是，情况几乎一直如此。我们身上有一种弗洛伊德所说的生命冲动，斯多葛学派称之为“趋向”（hormê），也就是斯宾诺莎所认为的一切个体都有保存自身的“自然倾向”（conatus），使得生命是美好的。还是引用阿兰的一句格言：“生活本身就是美好的，高于弊端……”对生活的积极体验，让我们知道尽管有不幸和担忧，但生活不是麻烦——尽管萧沆[①]如此认为，而是一份美妙的礼物。生活并不是一个需要被填满的空盒子。首先，生活从来就不是空的。即使什么也不做，你也不会认为生活就消失了，它依旧在那里。这是禅道。观察生活原本的样子和生活的流逝，并不总如帕斯卡所说，是对缺失的体验，有时反而是对充实的体验。只要生活在那里，只要我们全神贯注、心无杂念（而不再等待），就不存在空虚，因为生活就是对自我的一种体验。在这种体验中，展现出的是生命的生存和行动能力，就如斯宾诺莎所说，是自然无穷力量的一部分。缺失？一切都

① 萧沆（1911—1995），也译作“齐奥朗”，罗马尼亚裔旅法哲学家，20世纪著名怀疑论、虚无主义哲学家，以文辞新奇、思想深邃、激烈见称，被称为“法国的尼采”。

在，还缺什么呢？只有当你欲求生活之外的其他，才会有空虚和缺失。只有当你将注意力转移到等待上，才会有烦恼和无聊。你渴望财富，只要你没有拥有，就会觉得财富的缺失是一种空虚。你期望一段不曾经历的爱情，而你的生活缺少这种爱，就会感到烦扰。这不是指责，我有时也会这样。但我在试着去理解。生活并不空虚，是我们对生活之外的他物的渴求令它变得不再完整。

继续生活

艾：实际上是欲望让我们变得不幸……

安：并非一直如此，也并非所有欲望。只有当欲望的对象是我们没有的事物时，欲望才是缺失。这就是柏拉图所说的欲望："我们没有的东西，我们没有变成的样子，我们所缺少的，就是欲望和爱的对象……"幸亏不能一概而论。在这一点上，性的体验是最能说明道理的。渴望得到一个并不属于自己的男人或女人，就是对缺失、失落和空虚的体验。但是渴望得到一个就在身边，属于自己的男人或女人，体验到的则是在场、力量和满足。再举食物为例。饥饿是一种缺失，所以也是一种痛苦，你渴望得到的是自己没有的食物。胃口则是一种力量，是享受吃进嘴里的食物的能力。这种欲望就不是缺失而是力量。在柏拉图看来，这不再是欲望，而斯宾诺莎则认为，这是享乐的能力和有力的乐趣！不难看出幸福站在谁那边：不在缺失那边，而在力量和快乐这边；不在柏拉图那边，而在斯宾诺莎这边。

艾：还剩下痛苦和不幸的问题了……

安：应对痛苦和不幸只有两种办法：接受和斗争。两者是同步的。接受不幸的存在，直面不幸，才可以找到战胜不幸的办法；与不幸斗争就已经是一种幸福了。在这一点上，不幸和抑郁也有区别。在弗洛伊德的《哀伤与抑郁》一书中，他指出（精神学中的）抑郁，是指丧失“爱的能力”，意味着无法感到喜悦开心。如此说来，一个不幸但不抑郁的人没有丧失爱的能力，他可以爱自己，爱家人，爱与不幸的对抗……真正意义上的热爱生活，不仅是爱幸福的生活，而是爱生活的全部，幸福与不幸、开心和痛苦、快乐与悲伤。假如遭遇不幸还继续生活，就说明我们身上还有某种东西在抵抗，在坚持，某一部分在爱，也说明我们还爱某种东西。相反地，如果哀伤和抑郁到想自杀，那是因为这种热爱生活的能力减弱甚至消失了。可能是受到了现实的重创（爱的人离世，不知道该如何继续去爱），痛苦和悲伤占据了上风，再也无法热爱生活，生活变得没有滋味，或只有焦虑和痛苦的滋味……这从另一个角度告诉我们什么是心理的健康，就是热爱生活、享受生活、发现乐趣。

艾：所以幸福取决于爱的能力。

安：亚里士多德曾说，“爱即喜悦”。斯宾诺莎也说过，“爱是为一个外在原因所伴随的快乐”。这是每个人的体验。只有去爱才有快乐，只有快乐才是爱。无论快乐是切实存在的还是期待到来的，都是我们所理解的幸福的真正内涵。这也意味着爱就是幸福。不过需要注意，这是每个人的体验。既不爱任何物也不爱任何人，连自己都不爱的人怎么能有幸福可言呢？“没有朋友，”亚里士多德说，“就没有人会选择活下去。”这位伟大的天才说的这句话令我感到震惊（要注意，我们通常翻译为“友爱”的“philia”指的是所有爱，包括夫妻之爱和家人之爱）。既不爱任何物又不爱任何人的人又怎么能够忍受生活呢？这种抑郁——再次借用弗洛伊德的说法，需要得到治疗，因为存在自杀的风险……但自杀的人毕竟是少数，所以我从中看到好的一面：爱几乎永远是最强大的。爱比死亡强大？只要我们还活着，那答案就必然是肯定的！

第 二 幕

幸福存在于“天堂”吗？

Acte 2

L'INVENTION DU PARADIS

第一场

“天堂”的失落

在哲学家们试图拨开“虚幻”的快乐迷雾、找到世间的真智慧时，幸福又被插上翅膀，展翅飞向了“天堂”。

伊甸园

艾丽斯·热尔曼（以下简称“艾”）：“幸福可能出现在别处，在一个叫作天堂的来世。”这个想法是怎么诞生的？

让·德吕莫（以下简称“让”）：“paradis”（乐园，天堂）这个词源于古波斯语“pari-daiza”，后又演变成希腊语“paradeisos”，指的是一个四面有围墙的乐园，围墙保护乐园不受沙漠的狂风侵袭。这种对幸福场景的描绘自然出自干旱地区的人笔下，他们想象的幸福是一片绿洲，河水充沛、植被茂盛，这应该就是“天堂”最初的含义。在基督教的最初几百年，该词还没有永恒幸福的含义。《圣经·新约》中唯一一次提到“乐园”是耶稣对“忏悔的囚犯”说的一句话：“今日你要同我在乐园里了。”（《路加福音》第23章第43节）这句话表明，死后他将和耶稣一起去往一个遵守教规者等待复活的地方——通往更高幸福的等候室。拜占庭艺术喜欢将此地跟基督的复活即耶稣升天一起呈现，我们可以看到耶稣从墓地走出，将手伸向亚当和夏娃。他将所有人引向最后的光明——复活之光。今天的“天堂”的含义是后来才出现的，从祥和的“等待之地”慢慢演变成上帝身边的“永恒之地”。

艾：据耶稣基督所言，天堂不是一个地方而是一种状态……

让：如果仔细研究《福音书》就会发现，耶稣基督从未对被称为“天堂”的那个地方进行过描述。他会使用“天国”这个词来表达，但没对此有过更多的描述。他甚至没有说过这是一个地方，而更像是一种“情形”。类似萨特的定义，是指一个人身陷其中的状态。

艾：于是就发明了天堂？

让：天堂并非是被“发明”的，而是慢慢具化而来的。在基督教教义中，“天国”包含的是靠近甚至亲近造物主的想法。人世间所有的不公和悲伤消失，和解的人类围绕在上帝身旁。正如圣·保罗在与给科林多的书信（《科林多前书》第 2 章第 9 节）中所描述的，这种永恒的将来是“我们肉眼看不见，耳朵听不到，内心感觉不出，是上帝为爱他之人准备好的一切”。圣·保罗的这句话在几个世纪里的教堂布道中被不断重复，并被普遍解读为：不应试图想象来世的幸福。

永恒的幸福

艾：所以天国的幸福并不是一种可被定位或被描述的幸福？

让：当幸福具有了永恒的内涵，幸福就变成了信仰——相信上帝将会让人类沐浴在上帝之爱中，团结在他身边。这种幸福属于神秘学的范畴，不可描述，只能渴盼。它超出了所有想象，没有被定位的可能性，描述就意味着失去。马丁·路德在《桌边谈话录》中强调了这一点："就像母亲肚子里的孩子对自己的出生一无所知，我们对永恒的生命也知之甚少。"

艾：因此信徒希望得到的幸福是不能也不该被谈论的……

让：我们确实无法对这种幸福做出具体准确的描述，那是因为这是一种难以描述的希望。编写于特伦托会议（1545—1563）之后的教理书建议人们不要试图去识破天国的秘密。书里说道："（天堂的）至福之宏大是没有人……能够对其进行恰当描述的……如今我们已经很难理解这些善的伟大之处。它们无法出现在我们的思想中。我们必须进入上帝的快乐之中。"只有去到来世才能知道来世的幸福是什么样子，这是基于信仰建立起来的希望。信徒有信仰，信仰就是信赖，相信耶稣对天国的承诺。至于来世的细节，则必须相信上帝。这就是基督教对这个问题最坚定的信仰。

艾：如果这种幸福是无法描述的，那我们怎么可以将其设定在某地呢？幸福和天堂这两个概念又是怎么结合在一起的呢？

让：人类需要能想象得出的画面感。这就是为什么人类试图对幸福的期望具象化，赋予永恒的幸福一种形象。我想强调“天堂”一开始的意义来自《创世纪》，指的是一座精美绝伦的人间乐园。这也是圣奥古斯丁以及托马斯·阿奎那在《神学大全》中对天堂的理解。然而这个乐园变成了一个失落之地，对失落天堂的怀念已经有漫长的历史。在如今的认知中，第一篇关于永恒幸福的基督教文章可追溯到3世纪，文章中来世的幸福被描述成永恒的乐园。这篇文章应该是西普里安身边的人所著。“基督的地方，恩赐的地方”在书里被描述成“一块肥沃的土地，郁郁葱葱的田野上遍布庄稼和香气宜人的鲜花”。位于意大利拉文纳的圣阿波利纳尔教堂有一幅6世纪的镶嵌画，这幅精美绝伦的画展现了同样的场景。画中可以看到象征耶稣显现的十字架下方，有一片绿油油的辽阔草地，草地上大树参天，鲜花遍地，白鸽四处高飞，绵羊满地奔跑。这是基督教艺术中描绘的最大的天堂草地，鲜活地表现了来世的图景。

艾：这难道不是将人世的美景搬到了天堂吗？

让：的确可以这么说，但我认为这些艺术家并没有被自己想象中的画面所欺骗。他们从世间的自然之美中，找到了对无法用语言形容的幸福的最好的呈现。只有拥有信仰的双眼才能看到这番景象。这种对天堂的具象表现本身就是一种信仰的行为。

天上的耶路撒冷

艾：把天堂表现为乐园之后，人们又将天堂跟一座理想之城——天上的耶路撒冷联系起来。

让：这是人们对天堂的另一种想象。这种表达方式可以追溯到圣奥古斯丁和《以西结书》，尤其是《启示录》。天上的耶路撒冷是“最后”的城市。《启示录》的第 21 章中说道：“我又看见圣城新耶路撒冷，由上帝那里从天而降，预备好了，就如新妇妆饰整齐，等候丈夫……城中有上帝的荣耀。城的光辉如同极贵的宝石，好像碧玉，明如水晶。有高大的墙……墙是碧玉造的……城墙的根基是用各样宝石修饰的。”在这座新的耶路撒冷城中，信徒们得到了“再也没有死亡，再也没有哀伤、悲泣和苦难”的保证。这段文字对内容的戏剧性表现过于关注，常常使其原本的内涵被遗忘。它并没有否认《启示录》中描绘的骇人景象的存在，而是想强调这一预言是向 1 世纪末被皇帝图密善迫害的牺牲者传递的希望讯息。《启示录》提及和承诺的希望是一个和解与幸福的世界。从基督教诞生开始，对这种幸福的渴望就十分强烈。无论人们将幸福表现为乐园还是一座天上之城,核心都是对幸福的期盼。这就可以解释得通为什么《希伯来书》(第 9 章第 11 节）中将耶稣基督形容为一个“将来美事的大祭司”。耶稣就是那个能将人们送往幸福来世的摆渡者，也是幸福大门的开启者。

艾：之所以说耶稣开启了最终的幸福之门，那是因为他战胜了人类世世代代的宿敌——死亡……

让：是的。基督教认为，耶稣基督可以带人们到达幸福的彼岸，是因为他战胜了痛苦和死亡。这里应该要强调基督教不同于犹太教的一点:基督教源于古老的犹太教,但基督教肯定“肉身复活”；而在古犹太教中，肉身复活的概念只是初具雏形，相信生命的永恒也更晚。历史学家普遍认为“肉身复活”概念的起源应追溯到公元前 2 世纪初。

第二场

重建“天堂”

从最初的乐园开始，天堂的形象经历了几个世纪的变化。后来，天堂又成为一个天使居住的国度……但变化仍将继续。

天　国

艾：提到天堂，我们脑海中浮现的永恒幸福之地，是一个住满天使的国度，而不是永恒的耶路撒冷之城……

让：一代又一代的艺术家们不断丰富着对天堂的描绘。一开始他们主要围绕天上的耶路撒冷和乐园这两个主题来创作，之后越来越多地运用圣母玛利亚的形象。对圣母的信奉大大增加了描绘天堂的素材，尤其是圣母升天主题，也即天使将圣母的躯体运往天堂。对永恒幸福的展现也与圣母玛利亚相关，她既是处女又是母亲，被描绘成温柔美丽的完美女性形象。不过，许多与天堂相关的绘画作品仅限于表现末日审判的场景，遵循了一贯的构图法则：一侧是将升往天堂的上帝选民；另一侧是舞动的魔鬼和被打入地狱的人。然而，这种简化的隐喻还是不够，因为天堂的乐园是一个安详美丽之地，天上的耶路撒冷中也看不到任何不幸和被罚入地狱的场景。此外，对圣母的信仰改变了天堂的氛围。最终出现了对天国和其仪式的描绘。圣母玛利亚身着华服，越来越多地出现在天国中央，周围常伴天使和圣人。

艾：所以圣母成了天国王后，永恒幸福。

让：是的。尤其在15世纪的绘画里，西方的能工巧匠制成的精美华服悉数出现在天国里的人物尤其是圣母玛利亚身上。除了丰富的色彩和珍贵的绸缎外，天堂画中还出现了与文明进步相关的新元素，那便是音乐和歌唱的天使。

天使的音乐

艾：天使的音乐打破了伊甸园的寂静……

让：音乐确实势不可当地出现在了天堂画中。以至于到了文艺复兴时期，有天堂必有音乐。15世纪及16世纪上半叶是音乐天使绘画的黄金时期。藏于毕尔巴鄂美术馆的一幅15世纪末16世纪初的弗拉芒画作就是一个例子。整幅画用极不常见的淡紫色和粉彩构成。画中的天国王后玛利亚把孩子抱在腿上，四周围绕着天使乐团。同样在法国桑斯大教堂耳厅右边，有一块16世纪上半叶的彩绘玻璃，上面有六十多位音乐天使，就如一个正规的交响乐团。还有在意大利伦巴第区的萨龙诺教堂，达·芬奇的学生高登奇奥·法拉利在穹顶上画了两百四十多位歌者和音乐家。天堂和音乐已密不可分了。

艾：由此出现了一种新的概念：天堂的幸福，是和耶稣基督一起，围在圣母玛利亚身边，聆听着美妙的音乐。

让：16 世纪中期对天堂的描绘陷入瓶颈。把人世间最美之物都移植到天堂中，天堂不会变得过于“人间化”吗？被承诺的来世幸福不应该成为被描绘的对象，而更应该是一种信仰。特伦托会议的教理书肯定了这一点，新教也反对天堂被过度戏剧化地呈现。在这一背景下，巴洛克艺术通过各种透视手段把直接看见天堂是什么样子，转变为表现望向天堂时的憧憬。

更高更美

艾：是否可以理解为对天堂的呈现太过美好以至于无法站得住脚？所以只能减少对其的描述？

让：无论如何，表现天堂的一个新的历史阶段开始于巴洛克艺术。更确切地说，始于科雷乔[①]在1535年为帕尔马教堂穹顶绘制的《圣母升天》壁画。圣母升天成为天主教肖像画的重要主题之一。从此，升往天穹的场景比在天堂中出现得更多。天使和圣人都被一个幸福光圈所吸引。穹顶和拱门的大量出现以及对透视技法的掌控使得巨幅升天画成为可能。从16世纪下半叶到18世纪末，几乎所有巴洛克风格的天堂画都具有飞向光的特征。与此相反的是对天堂更为抽象和空灵的描绘。中世纪和文艺复兴早期，对天堂过于人间化的表现被淘汰，以此烘托出对来世的向往而非直观感受。无论如何，在17—18世纪的墨西哥和洛可可艺术发展到顶峰时期的日耳曼国家，巴洛克艺

① 科雷乔（1494—1534），原名安东尼奥·阿莱格里，意大利画家。1494年8月生于北意大利帕多瓦附近的小村科雷乔，因此被称为科雷乔。

术有意将教堂等建筑物变成一个天堂般的地方。因此，教堂内到处装点着黄金和稀有的材料，色彩缤纷、烛火通明。教堂成为某种让人一睹天堂之光的剧场。

艾：巴洛克时期的天堂就像一场有众多天使登场的“盛大演出”？

让：有点儿吧！但更多地表达出对神秘甚至抽象的幸福的向往。

天堂在心中

艾：所谓的“巴洛克”时期，强调神秘主义和内在性。那么问题来了，天堂不是更应该出现在人们的心中而不是在遥远的天国吗？

让：为了回答这个问题，必须先回顾一下基督教新教。该教创始人马丁·路德并不是彻底的反传统主义者，他虽然反对表现天堂的绘画，但对音乐则网开一面。路德主义支持天堂的内化，并与古老的神秘学传统重新建立了联系。两三个世纪后，我们在圣女小德兰的文字中发现了她对此的回应。马丁·路德和圣女都使用了“内在性”的表达。他们都认为，天堂就在心中，即使一个人用尽一生都无法感知到。内在，意味着无法表述和呈现。每个人内心深处对幸福的坚信，是基督教不变的信仰，对其他宗教来说也是如此。

艾：那这会不会跟来世的观点，即人们相信会获得幸福的“地方”相悖呢？

让：历史学家并不是未来学家，但我认为只要相信天堂存在，就有希望甚至很大的可能性会产生一种神秘的体验，让我们在自己身上发现天堂的承诺。我们现代人残存的最后信仰，正是这种对内在的天堂和在自己身上发现的幸福的期许。因此，巴洛克艺术所大力呈现的天堂之光的召唤和谦逊地从每个人的内心寻找神圣并不是对立的。巴洛克画作中的升天和黄金元素，如今已成为历史的一部分。但是灵魂深处对上帝的追寻却跨越了时间和文明，这可能就属于现如今所说的“宗教回归”。

再也不是曾经的天国

艾：科学改变了对幸福和来世的描绘吗？

让：在科学革命之前，天堂是可以“被定位”的。天堂位于传承自亚里士多德和托勒密[①]所提出的宇宙学中。那时的观点认为，宇宙是封闭、有限的，分为月亮上的永恒世界和月亮下随着时间而变化的有生有死的世界。先是哥白尼，然后是伽利略、开普勒和牛顿等科学家，纷纷彻底颠覆了这种宇宙观。从此，宇宙变得无边无尽，定位“九霄”，也就是“上帝、天使和上帝选民的住所”变得不再可行。不过，直到 17 世纪，在对宇宙的描绘中，“九霄”都包含了整个宇宙。16 世纪末，葡萄牙人献给法王查理九世的平面球形图中包含了最新的发现，对地球的描绘更为精准。但对地球之外的认知，还是继承于亚里士多德的宇宙观：地图的最高处用红底金字题词“九霄，上帝、天使和上帝选民的住所”。在那时，这是最主要的表现形式。科学革命推翻了对天堂的定位，从今往后，上帝居无定所。

① 托勒密（约 90—168），古希腊数学家、天文学家、地理学家和占星学家。

艾：在科学革命之后，就轮到思想革命继续动摇对天堂的看法了？

让：第二次革命实际上是一场情感革命，在法国至少可以追溯到卢梭《新爱洛伊丝》的出版。在这部著作中，一位新教牧师请求临终时的朱丽放下她在这个世界的财富和对所爱之人的牵挂，因为来世既没有丈夫也没有妻子之说。朱丽反驳说，她倒希望自己来世可以去爱这辈子没有资格去爱的人。卢梭的《新爱洛伊丝》顺应了法国乃至欧洲的一种思想转变。从那时起，最终的幸福越来越等同于与我们曾经爱过或曾经爱过我们的人重逢。天堂也成为与所爱之人的重逢地，至今如此。然而，在基督教中，重逢的主题并不是新鲜事物，也不是直到情感革命和现代才被提及的。19 世纪的一位耶稣会教士 F. R. 布洛曾收集了古基督教中涉及在天堂与所爱之人重逢主题的所有文章，并在 1863 年出版了《在天国，我们会重逢》。事实上，期待在来世与所爱之人重逢贯穿了整个基督教的历史。

第三场

找回幸福的“天堂”

在现代，天堂成了一种更抽象的“别处”概念。在那里，可以找回所爱之人，信者和不信者握手言和。

上帝选民聚会

艾：可以认为与所爱之人重逢这种信仰并不属于基督教，而是在我们当代社会被“创造”出来的或者说更被看重的……

让：事实并非如此。认为逝去的爱人能看到我们以及我们可以重逢的这种想法是基督教的新产物，实际上它可以被追溯到教会出现的最初几百年，更确切地说可以追溯到西普里安。他曾道出了在来世与亲友相见的愿望和肯定：“何不奔去看看故乡并向祖先问好？在那里，有很多珍视的人在等着我们。亲人、朋友和孩子期待着见到我们。他们生活安稳，期待着我们的问候。去看望并拥抱他们，对他们和对我们来说都是莫大的快乐。”同样可以引用特士良的话：“上帝不会让重逢之人再分开，分离只会出现在人间。”圣安布罗斯在兄弟离去后写道：“我的兄弟，若不是即将与你重逢的希望，我还能有什么安慰？愿你的离去不会让我们分离太久。愿你的祈祷能让沉痛悼念你的人更快来到你身边。”对重逢的信仰也再次出现在圣安布罗斯的祈祷词中：“上帝啊，请不要将我与逝去的亲人们分开。”这样的例子数不胜数。但再看看克莱沃的圣·伯纳德对其已故兄弟的话：“在接受上帝之爱沐浴的同时，你没有放弃对我们的关怀，因为上帝也关心我们。你已经抛弃了懦弱，但没有失去怜悯和同情。既然慈悲永不泯灭，你将永不忘我。”最后一个例子是阿维拉的泰瑞莎，在经历了去往天堂的幻象后，她说道：“我第一眼看见的是我的父母。”所以，幸福是在来世再次见到自己所爱之人，并永远不再分离。

艾：在这样一个所谓去基督化的当代社会，是对来世重逢的向往使得诸圣节①成为怀念逝者的日子吗？

让：这种向往毫无疑问仍然存在。对不信教的人来说，这可能是不现实的未来，但是他们依然期待重逢，即使可能并不相信。如果可能的话，他们会为了愿望成真而“创造”出上帝。相反地，对于基督徒来说，重逢是有迹可循的，其依据是“圣徒相通”的教条。凡·艾克兄弟于1432年在根特完成的祭坛画《神秘的羔羊》，呈现的正是圣徒相通的场景：最后的审判结束了，来自四面八方的上帝选民聚集在圣光下——那里有一片宽阔的草坪，周边是天上的耶路撒冷的楼房和城墙。画中交织了两个重要的天堂主题，即永恒的伊甸园和天上之城。上帝选民的齐聚，意味着时间的结束，并显示了来世的面貌。圣徒相通，就是“真福者”即在天国找到最终幸福的人之间的“聚会”。

① 诸圣节，亦称“诸圣瞻礼”，是天主教和东正教的节日之一，于每年11月1日举办。

永恒的爱

艾：那么幸福就是一种永恒的爱……

让：拥有一种永恒的爱，也是与爱人重逢的心愿。在这种永恒的爱中，我们既爱上帝，又爱身边的人，爱人类。在重逢的爱人身边，我们也爱其他无论是否相识的人。在基督教的天堂里，存在的只有“爱”——上帝对人类的爱、人类对上帝的爱以及人与人之间的爱。将天堂呈现为重逢的场景像是在传递一种希望。即使不相信天国，在骨灰盒或坟墓前的默祷也是在跟逝者对话，选择在回忆中和脑海中与他们重逢。信徒则必定会怀有在来世实现重逢的希望。从某种程度上看，这种“希望”拉近了有信仰者和无信仰者之间的距离。因为无论相信与否，人们都会聚集在坟墓前告别逝者，也告诉自己爱人已逝这一现实。所以从某种意义上说，这是一种“全民”信仰。基督教并不是一种精英宗教，它赋予每个人在来世重逢亲人的希望。

艾：最终的幸福难道不是天堂给予的幸福吗？那个我们曾经以为失去且坚信必然会在死后出现的天堂？

让：我认为幸福不应该存在于过去或不现实的将来。人的一生都在追求一种和平与幸福的永恒状态。对信徒来说，这种状态只能是在天堂，伴随着上帝而存在。尽管这一世受苦受难，但上帝还是向人类允诺了和平与幸福。在我看来，将人类与幸福分离的“原罪”并不存在。此外,“原罪”的传统概念太具威胁和恐吓效果，只会让人气馁甚至绝望。18 世纪下半叶，圣亚丰索在那不勒斯建立了赎世主会，致力于在意大利南部落后地区进行传教。他认为着重强调最后的审判和地狱会产生反效果，所以转而采用柔和的歌曲。后来到 19 世纪和 20 世纪，他所倡导的这种柔和的手段逐渐融入天主教的实践和歌曲中。我想继瑞士神学家雷 - 梅尔梅及其著作《信仰》(第一卷，1981）之后，建议人们重读《创世纪》，因为我从中看到了一个预言:“人类并不诞生在人间的天堂。《创世纪》第 3 章中所描写的充满至福和圣洁友谊的天国，只是一幅创世的草图。它表现的不是过去，而是将来；它不是在我们身后，而是在我们前方。这是上帝对末日的设想。它被放在《圣经》的开头，那是因为一般我们总是在开始拟定蓝图。”

艾：那么亚当并不是人类的过去，而是我们必将成为的未来？

让：人类的历史还留待书写。人类必须在一开始就脱离动物性。对幸福的承诺不在对过去的缅怀中，而是一种过程。基督的死亡和复生让信徒们懂得人类也将受到神圣的召唤。诚然，由于人类天性的缺陷、过失以及对于施善的无能为力，所以每天都在体验“罪孽”。从“原罪”出现开始，人们总是无法逃离“恶”的宿命，但这并不能说明人们所有的行为都必然是坏的。哲学家保罗·利科[①]曾指出，基督教的传统教育对恶的过度关注导致我们对发生在身边的以及自己所为的善行熟视无睹。如今哲学和媒体对“恶”普遍的看法反而忽视了人类的一部分历史和精神遗产。所以说，在对恶的高度强调过程中，出现了反人类的论调。

① 保罗·利科（1913—2005），法国著名哲学家，当代最重要的解释学家之一。

人人都能上天堂?

艾：然而天堂承诺的幸福不是每个人都能享有的。正如《福音书》所云，被召唤者众多，被选中者寥寥……

让：希伯来语和阿拉伯语专家都认为“被召唤者众多，被选中者寥寥”这句话现在的含义已经不具有曾经的悲剧内涵了，如今更像一句谚语。实际上,《福音书》中的许多话被口耳相传成了谚语。所以，认可这句话不属于神学观点。此外，希伯来语和阿拉伯语并不一一对应，翻译时只能寻求一种近似的表达，所以这句话的意思更接近“不是被召唤了就必然成为上帝的选民”。也就是只有少数人有权看见上帝。这样，获得永恒的幸福的含义就截然不同了。不过，我认为“最后的审判”这一预言更值得被严肃看待，它既不是说教性寓言，也不是谚语，而包含着明确的神学含义：上帝会根据人类的行为对人类进行审判。

艾：根据圣奥古斯丁的说法，审判的目的难道不是拒绝大多数人上天堂吗？

让：确实存在多数人得救和少数人得救的区分。耶稣在最后的晚餐时曾发表过第一种观点："我立约的血，为多人流出来。"后来，圣·保罗说上帝希望"人人都被救赎"。相反，圣奥古斯丁用"下地狱的大多数"这个说法指称不会获得救赎的人。我曾受邀参加一场在阿摩尔滨海省举行的神父会议。一位神父告诉我，他的母亲，一位善良的妈妈，不敢拥抱他刚出生的弟弟，只因为他没有受洗。这件事发生在20世纪60年代，反映出当时的普遍观念：人们认为婴儿是在魔鬼的控制下出生的。这就是为什么孩子的受洗仪式中一直都有驱魔这一环节。同样，法国东部地区众多的"暂时复活圣堂"也是"下地狱的大多数"这一教义的产物。父母会把夭折的孩子送到"暂时复活圣堂"，将其放在祭坛上。众人祈祷，点燃蜡烛。当他们看到孩子的脸色变得红润，呼吸轻缓，嘴角甚至流下了一滴奶时，他们就会以为孩子"暂时复活"了，于是他们就会敲响钟，赶紧给他洗礼。这样，孩子就得到救赎了！根据圣奥古斯丁的教义，没有受过洗礼就夭折的孩子将会受到惩罚，被判去一个远离上帝的地方。这两种做法反映出"下地狱的大多数"这一教条已深深镌刻在谦卑的信徒心中。过去，大多数的神学家都持“少数上帝选民”的论调，如今很难再这样做了。同样，与伏尔泰同一时代的天主教卫道士贝尔吉耶神父虽敌视哲学家，但他也承认无法在继续坚持圣奥古斯丁学说的同时，从理性角度驳倒哲学家。于是他撰写了一本名为《救世条约》的书稿作为对圣奥古斯丁理论的修订。但是，面对世人对该书的批评，他把手稿给毁了。

艾：所以只有先通过审判才能获得永恒的幸福。

让：事实上我认为每个人都有要结算的账和要承担的责任。例如,写作是一种行动,是会被读者评判的。但对于基督徒而言，知道是否存在一个人类将遭受永恒痛苦的地方或者这样一种状态，是一个很重要的问题。

他人的地狱

艾：如果天堂是一种完全且最终的幸福状态，那么相反地，地狱是否就是一个遭受永恒痛苦的地方呢？

让：对我来说，地狱意味着永恒的死亡，是一种惩罚。但我认为，地狱是给极少数人的。如果有些人因其过往的行为而不能进入天堂，那我认为他们在审判之日会看到上帝的选民进入了幸福的天堂，而自己却被排除在外。在这之后，他们就会归于虚无。对他们来说，假设一个永远受苦的地方存在，就意味着上帝最终没能战胜苦难。下地狱者应遭受的痛苦具体来说就是无法获得与上帝在一起的幸福。这种痛苦会造成他们的死亡，但不会造成永恒的折磨。耶稣所说的“永不熄灭的”焰火，是借具体的形象比喻审判后给予的永恒惩罚。

艾：就像对天堂的期望一样，对地狱的恐惧也还没有消失吗？

让：当然。人类在20世纪已经经历过人间的地狱。犹太人大屠杀、原子弹战争、亚美尼亚大屠杀[①]以及波尔布特所造成的种族灭绝，地狱也莫过于此。人们懂得了无法看到人间的天堂，也知道地狱可能就在人间。

此生不幸

艾：当代哲学，尤其是尼采之后的哲学指出基督教的存在依赖于某种对生活的恨，对世界的轻蔑。想象来世的幸福难道不是间接轻视此生吗？

① 亚美尼亚大屠杀指的是土耳其对其辖境内亚美尼亚人基督徒进行的种族屠杀，受害者数量达到150万。

让：基督教长期以来就没有颂扬过此生的幸福。举其中一例说明。18 世纪初，凡尔赛的本堂神父埃贝尔在一次布道中说："如果你们有女儿，请保持她们身体的纯洁，不要对她们展露笑颜……我的兄弟们，你们知道上帝为什么要求父亲不要在女儿面前显得如此高兴吗？那是为了让父亲懂得，自己必须用一种庄重、谦虚和严肃的神情来启迪自己的孩子。而这种神情是一切荣耀的根本，它比起容颜、财富、出身以及财富所带来的其他益处，更加能让她们受人尊重。"笑，有时甚至被看作是一种罪孽。圣约翰·克里索斯托和博须埃都肯定道："耶稣从来没有笑过。"锡耶纳的圣·贝纳迪诺也曾引用圣杰罗姆的名言："微笑面对和享受尘世生活的，不是明智的人，而是疯子。"

艾：*确实不是鼓励人追求快乐或幸福……*

让：细读以上格言就可以理解尼采对基督教的批判了。尼采认为基督教是仇恨生活，是用信仰对抗幸福。基督教确实有厌恶世界的一套理论，即"鄙夷尘世"：因为生命带有原罪的烙印，所以生命本身就是有罪的。因此，必须通过苦行、禁欲以及蔑视世上万物为真正的生命即来世做准备。这套由修道士发明的理论，后来被大力推广。不是在中世纪，而是在 17 世纪，涌现了强调隐世理想的大量文章。罗亚尔港的冉森派教徒还将这套理论应用于日常生活。这种曾经只是作为某些隐修士和苦行僧理想的理论，有时却被奉为生活的典范。甚至面向大众的布道也经常鼓吹厌世的理想。

艾：基督教也宣扬同情他人，两者显得有些矛盾。

让：基督教一边宣扬厌世理论，一边又不停颂扬仁慈奉献，尤其是对病人、受苦受难的人和穷人。基督教的理想一直都是减轻他人的苦痛，为他人带去尘世的点滴幸福。圣马丁和圣方济各已经证明基督教致力于减轻痛苦，战胜绝望、病痛和贫穷。尽管存在厌世的言论，但几个世纪以来，基督教的仁爱在关心痛苦的人、为信徒疗伤上得到了充分体现。耶稣也留下了“医治者”的美名，他死而复生，不厌其烦地为病人减轻病痛。

艾：然而人们曾认为基督徒都是很禁欲的……

让：从 19 世纪末开始，基督教确实发现传统的道德说辞太过严肃，以至于忽略了人性真实的一面，即对快乐和幸福的追求。这一发现促使他们重新阅读《福音书》，他们发现耶稣从来就没有像禁欲者一样生活。耶稣曾在羊皮袋中灌满了酒，他也不会拒绝任何一次用餐的邀请。然而,“对生活的享受”后来却“消失”在了基督教的传统中。作为对尼采式抨击的回应，基督教开始重视这点，就好像基督教重新发现了肉体和尘世的幸福，同时也不忘人类永恒的命运。一些批判基督教的人还以为它亘古不变，但基督教不停地进行着变革，保持着自身的活力。

艾：那基督教中是否存在一种“活在当下”的观点，一种与信仰相符的对生活的热爱？

让：好好享受生活，同时也牵挂着来世的幸福，这应该就是基督徒的“活在当下”吧。

绵羊在右，山羊在左

艾： 基督教是如何发展出隐世和关爱他人这两种截然不同的态度的？

让： 基督教支持这两种态度，两者并不矛盾，只是遵循的“逻辑”不同：隐世可以没有同类，而关爱他人是慈善的行为。圣马丁之所以享有如此高的知名度，那是因为他将自己的大衣剪成两半，并把其中一半分给了穷人。圣方济各之所以在他那个时代拥有“另一个基督”的美称（当时没有一个圣人得到过如此高的赞美），那是因为他亲吻了一位麻风病人。如果把西方基督教的历史简化为“鄙夷尘世”理论，那是否定了一半或四分之三的基督教成果。所以，从历史角度看，要把对现世的蔑视（而不是憎恨）和对他人的奉献结合在一起。“最后的审判”的预言指出，上帝对信徒的要求不是掌握教理知识，而是对同类的爱以及对他人的帮助。

艾：预言到底说了什么呢？

让：预言是这样的，“当人子在他荣耀里，同着众天使降临的时候，要坐在他荣耀的宝座上……他要把他们分别出来……把绵羊安置在右边，山羊在左边。于是王要向那右边的说：‘你们这蒙我父赐福的，可来承受那创世以来为你们所预备的国；因为我饿了，你们给我吃；渴了，你们给我喝；我作客旅，你们留我住……这些事你们既作在我这弟兄中一个最小的身上，就是作在我身上了。’王又要向那左边的说：‘你们这被诅咒的人，离开我！进入那为魔鬼和他的使者所预备的永火里去！因为我饿了，你们不给我吃……’”这就是审判的标准：拯救和奉献。

艾：对世界的蔑视中有对同类的爱，那是否也有哲学家们所看重的对生活的爱呢？就如前面安德烈·孔特－斯蓬维尔和我们讨论的那样。

让：如今的基督教，宣扬生命是美好的，已经不像尼采所批判的那样。就像我前面说的，神学家重读《福音书》，从此关注到耶稣一生重要阶段中的节庆活动，尤其是迦拿的婚礼。耶稣从未鄙夷宴会，也正是在一顿饭中，他设立了基督教的一大圣事——圣餐礼。复活节大餐也是有耶稣参与的一场友好庆典。

艾：然而基督教中也有禁欲一说，可以追溯到哪个时期呢？

让：大致可以追溯到还不为大众熟知的艾森尼教派传统。在基督教的发展进程中，殉教者被沙漠的隐修士和苦行者取代了。如果说前者奉献出的是生命，那么后者献出的则是生活。在中世纪的插图和文章中，沙漠的禁欲者紧随殉道者之后占据了至关重要的位置。他们代表了一种生活的理想状态，一种不同的献身方式。这种理想反映出基督教长期以来一直提倡的节俭，这是以信仰的举动表现自我的付出。其中也包含着一种信念，他们认为此生可能会获得短暂的幸福，但不会是永远的幸福。在短暂的还是永久的幸福之间，不难看出基督徒的选择。

希望之门

艾：在基督教的思想中，人间永恒的幸福是不可能存在的吗？

让：包括基督教在内的大部分宗教以及哲学学派都赞同日常生活能产生短暂的幸福，幸福感的多少和大小则根据个人有所不同。但是他们认为，尘世的生活现在不会、将来也不会带来“至福”，即完美和持久的快乐。在18世纪末和20世纪初之间，人们相信科技的发展和生活条件的改善会带来进步和美德，从而使人间的幸福变得可能。1913年，阿尔伯特·昆汀出版了一本名为《全速前进》的作品。书里特别写道：“目前的文明在未来面前，就像一个三个月大的孩子面对一个百岁老人。目前的文明还太年轻，还会发生无数的改变……发展朝着进步和幸福前进，而后退只会通向死亡。生活会继续焕发生机……”所以，19世纪和20世纪初的大多数理想主义者相信黄金年代不是在过去而是在未来。

艾：这是否意味着基督教的天堂概念变得世俗化了？

让：对天堂的怀念与源自启示录的“千禧年”说相结合，发展出了一种进步的观念和人间永福的希望。因此 19 世纪高唱“新天堂和新人间”的到来。然而从“一战”爆发以来，主导 20 世纪的论调是这种希望的破灭。没有人再指望科技能保证人间永福的到来。由此看来，第一次世界大战毫无疑问标志着与过去的决裂。虽然哲学上，这种希望的落空早在马克思之前的哲学家费尔巴哈和尼采时就已经开始了。对人间幸福的信仰抵抗不住凡尔登战役带来的绝望，人们明白了 19 世纪和 20 世纪初的那些希望都只是永远无法实现的“乌托邦”。(“乌托邦”一词由托马斯·莫尔在 1516 年发明，指的是不存在于“任何地方”的国家。)从某种程度上说，基督教的天堂可以被称为“乌托邦”，特指超越了时间和空间限制的地方。虽然和其他宗教和某些哲学流派一样，基督教认为一切的真实存在都不会受到时间和空间的限制。

艾：天堂对基督教来说是真实存在的吗？

让：实际上，科学或人类的任何调查手段都无法对其一探究竟。“那不是一个地方，而是一种状态。”基督教认为，天堂既在心中又在身外。所有上帝的选民都将沉浸在一种永无时间和空间束缚的状态中。当然，这种幸福是个人的感觉，就像自我的实现。但结果都一样，会与其他选民一起常伴上帝左右。耶稣提及了这种有如身处天堂的状态：“哀恸的人有福了！因为他们必得安慰。……饥渴慕义的人有福了！因为他们必得饱足。怜恤人的人有福了！因为他们必蒙怜恤。”这里形容的是一种状态，不是现在的，而是将来战胜死亡后的。这种幸福的状态将弥补在尘世中所遭受的所有痛苦。

艾：为什么生活在上帝身边和看到上帝会是幸福的保障？

让：“荣福直观”是一个神学术语，指亲眼见到上帝。这会让人幸福并永远幸福。看到上帝与人类紧密围绕在上帝身边是无法剥离的。看见上帝使人幸福，是因为这等同于亲眼看到爱。“上帝就是爱”的表述出现在圣·约翰的第一封使徒书信中。我觉得如果为当代人编写一本《信经》，开头应该是“上帝就是爱”这句话。对基督徒来说，天堂即对上帝和他人的爱，也意味着沉浸在上帝之爱中。基督教的“乌托邦”不在时空里，而是在造物主的身边，是跟上帝的面对面以及与人类的彻底和解。与让－保罗·萨特的消极看法不同，他人将不是我们的地狱而是我们的天堂。对这种“乌托邦”的信仰只会激励信徒去往“上帝之国”。

信徒的鸦片

艾：把天堂表现为光明的世界是为了抚慰人世间的恐惧与痛苦吗？

让：从历史的角度说，确实是这样。信徒们经常可以看到天堂的各种表现形式，教堂里、街道和广场上的雕塑、油画、彩绘玻璃和祭坛后的装饰屏风，都呈现出了千姿百态的天堂。他们看到了天堂，也发现地狱并不遥远。在路易十四时期，四分之一的孩子活不到 5 岁，二分之一的孩子活不到 20 岁；成人的死亡率大大高于现在。一个普通的家庭只能维系 15 年左右。此外，还有鼠疫带来的高死亡率。当时的人认为黑死病在未来三年（1348—1350）中会带走至少四分之一，甚至三分之一欧洲人的性命。后来在1630年的米兰，1656年的那不勒斯，1720年的马赛，鼠疫在夏天的两三个月内就夺走了近一半人的性命，比如马赛十二万人口中就有六万人死亡。在圣文森特·德·保罗时期，巴黎的街头也不难发现有人活活饿死。大多数人活在对鼠疫的恐惧中，只能听天由命。在这种情形下，人人向往死后的来世也就不足为奇了。

艾：如今我们看待死亡的方式已经不一样了。

让：过去，每个基督徒，从儿时起即知道生命的终极意义就是去往来世。所以，就有了天堂和地狱的说法。如今，随着人类寿命的不断延长，人们便不再高唱人类的终结和永恒命运的牧歌。但不管怎样，就算死亡的期限可以推迟，也永远无法阻止死亡那一刻的真正到来。

第 三 幕

近代的梦想

Acte 3

LE RÊVE DES MODERNES

第一场

启蒙时期的快乐

幸福重新回到了我们当中！随着启蒙运动的到来，幸福从天国重新降临在人间和心中。

快乐的益处

艾丽斯·热尔曼（以下简称“艾”）：我们是否可以说18世纪创造或者重新建立了在人间就可以获得真实幸福的观念呢？

阿莱特·法尔热（以下简称“阿”）：我不知道是否可以这样说，因为18世纪并没有完全脱离基督教色彩，许多人还会参照天国、魔鬼、上帝和宗教来理解幸福。不过，相比认为幸福是上天的馈赠，18世纪的幸福观更倾向于思考、哲学、梦想和体验的范畴。18世纪并没有以理性为名摒弃所有跟信仰和宗教相关的东西，反而对天方夜谭、荒诞离奇以及迷信产生了更浓厚的兴趣。然而，理性的世界慢慢被接受，并被一大批伟大的作家和哲学家（包括伏尔泰、狄德罗、卢梭等）所捍卫。不同于对启蒙时期的固有看法，18世纪仍然是一个焦虑的世纪。

艾：这种焦虑是否是因为不惜一切代价寻找幸福但仍旧徒劳无功呢？

阿：确实是追求幸福的焦虑。18世纪追求幸福又苦于找不到合适的方法。这是一个认识自我同时追求尘世幸福的世纪。

18 世纪的幸福观也与情感和想象有很大的联系。此外，很难说出 18 世纪到底说了些什么。事实上，可能什么也没说。这个世纪由不同社会阶层的男男女女组成，是他们以时而一致时而冲突的方式在生活、思考和创造他们的历史。

艾：有什么方式呢？

阿：18 世纪的人发现了快乐和享乐。所有的文人都认为快乐大有益处。圣亚森特在 1736 年出版的文集中写道："享乐是一门需精心汲取快乐并全心品尝快乐的艺术。"因此，追求高雅成为必然，高雅成为精英阶层的美学，他们有时甚至甘愿为此玷污纯洁的灵魂。但是不能简单把享乐归纳为感官上的满足，其实它更像一种道德实践和体验：谈话、分享、交流和发现都属于享乐的范畴，只要符合和谐及高雅的原则即可。进行社交、寻找合适的伴侣也可以被称为享乐。卢梭在《新爱洛伊丝》中写道："我们生活在社会中，就像山鹑生活在鸟群中。"他准确地表达出了人类对社交生活的喜爱。

艾：但这只是精英阶层的想法？

阿：很明显，我们现在关注的只是文人圈子，这是一个擅于表达情感的阶层。但我们需要考虑社会的全貌，注意到社会条件的多样性。感官乐趣、爱好、社交以及享乐受具体的社会文化背景影响，还取决于性别、年龄和社会阶层。手工业者、大商人或贵族获得幸福的方式是不同的。追求高雅需要满足生活富裕和拥有为社会环境所看重的外表这两大条件。但这绝不意味着穷人不该去寻找自己的爱好和快乐，只是他们必须克服两个障碍：一个是经济障碍，他们没有足够的财富；一个是内在障碍，体现在精英阶层总是理所当然地认为穷人无法获得美的体验。

艾：18世纪的人们是否追求更多样化的快乐？他们认为的幸福是否就是享受更多的乐趣？

阿：18世纪的贵族阶层远比这个追求更有理性，他们不追求更多样化的快乐。几百年来，他们的生活方式促使他们提出许多问题。实际上，贵族阶级逐渐远离了王权，而大资产阶级成了受益方。那他们还能获得什么类型的幸福呢？当他们以为获得了政治幸福后，他们又会追求什么幸福呢？无法获得政治幸福的贵族处在一个微缩的宫廷世界中，他们的幸福被缩减为受到国王的重用。于是“风流浪荡”就成了他们的幸福，但本质上还是追名逐利。

艾：那么其他人呢？那些不在宫廷里的人如何寻找幸福？

阿：社会地位低的人会在其他方面寻找幸福。对他们来说，幸福不是获得更多的乐趣，而是生活殷实与安稳，与邻里街坊相处融洽。他们的幸福也来自对信息的获取和对统治阶层所实施的政策的理解。百姓们已逐渐走出这种被动状态，尝试着自己去了解、学习和思考。

名士风流

艾：我们总会认为一个风流浪荡的人是一个百分百幸福的人，一个寻欢作乐者！

阿：应该对此类人给出一个更严谨和全面的定义。风流人士通常才高八斗、学富五车，懂得运用自己的魅力，可因为总被王权排除在外，无法或者很难获得国王的青睐。于是，他们越来越失宠，地位越来越下降。我们一般会把“风流浪荡”想得过于简单，但他们其实不为追求肉体的快乐和幸福，而是有意赢得靠近权力中心的男人或女人的芳心以谋得些好处和更优越的社会地位。在宫廷这样一个封闭的地方，国王通过给贵族阶级封勋授爵彰显王权。而风流人士正是通过这种方式选择“猎物”，施展魅力，不断往更高的等级上爬。他们想要的，相比女人的身体，更多的是对想法的操控。“浪荡主义”就是指通过引诱的手段追求权力。这并不意味着无法获得快乐，而正相反，获得所诱惑之人的注意，能左右思想就是一种幸福。

艾：这让我想起了《危险的关系》[1]中的纵欲胡为，还有萨德[2]……

阿：这不能与萨德和施虐癖相提并论。因为“浪荡”并不包括施虐，而是俘获一个人的思想和灵魂。有时甚至不占有身体，但要把想引诱的对象“关”在诱惑的牢笼中。就像拉克洛的小说《危险的关系》中，沃朗热夫人直到死都对瓦尔蒙子爵情有独钟。

① 《危险的关系》是法国作家拉克洛创作的长篇书信体小说。此书讲述了爱情的游戏，以及对异性的追逐与诱惑的故事，充满了征服与赢得爱情的各种技巧。

② 萨德（1740—1814），法国贵族，人称萨德侯爵。他是性虐待文学的建立者，施虐狂（sadism）一词即由其名而来。

大众的幸福

艾：18世纪是否存在一种可适用于宫廷贵族和底层人民的全民幸福论？

阿：并没有。首先，对历史一概而论总是值得怀疑且不妥的，不能贸然认定底层人民是幸福的，他们的生活动荡不安、缺衣少食。启蒙运动的思想并不以定义民众的幸福为首要任务。这种幸福有何用呢？即使最开明的哲学家，如伏尔泰，都认为大众或最底层的平民的幸福几乎没有任何意义，因为他们甚至都没有时间去了解幸福。平民不能拥有自己的爱好，必须全身心投入工作。幸福这个概念对他们来说都是陌生的。他们没有幸福的想法，是因为他们被认为没有任何想法，也感受不到情感、渴望或欲望。所以，没人关心是否应普及幸福的观念。如果幸福意味着拥有各种爱好，那只要穷人还为生活所迫，就不可能拥有爱好。他们的依附和从属地位是避免社会混乱的关键。哲学家让·布隆代尔在其作品《人的现状和应该成为的人》（1758）中写道："他们想法少，所以爱好也少。他们习惯了受苦，所以也不觉得自己在受苦……"

艾：杰斐逊[①]将享有幸福的权利写进了《美国宪法》。18 世纪发明了政治民主却没有发明幸福民主。

阿：我不能肯定 18 世纪的人发明了“民主”这一稍显过时的术语，不过他们构想了一个建立在平等基础上和拒绝被动服从君主的社会。平民的幸福不在他们政治决心的范围内，因为当时普遍认为平民不会思考。在我看来，当代的历史学家也持相似的看法，认为民众会吃、会爱、会死，但不会思考。所以说，穷人根本不能有思想，甚至无法感受不幸或幸福。对于启蒙哲学家来说，平民是没有意识的躯体。而治安和医疗方面给予他们的“照顾”不就是害怕不幸可能会刺激他们造反，威胁到社会秩序吗？18 世纪已经能对不公正进行评判，即已经出现权力机构，而且认为幸福在于公正，公正是幸福的保障。但全民的幸福并不重要，因为重要的还是遵守秩序和等级，创建一个以文人和精英为主的公共空间。

① 托马斯·杰斐逊（1743—1826），美利坚合众国第三任总统（1801—1809），同时也是《美国独立宣言》主要起草人，美国开国元勋之一，与华盛顿、本杰明·富兰克林并称为美利坚开国三杰。

艾：这种幸福和公正有什么形式？

阿：首先是人生存、思考以及揭露不平等的权利得到认可。各行各业的人有着特定的着装，不同的服饰反映出其社会地位，使得不平等更加显著。由于处罚在众目睽睽下进行，惩罚中的不公也一目了然。没有比社会地位更透明的了。受杖刑、鞭刑以及车轮刑的一般都是小市民，很少会是富有的居民。18 世纪的人开始反对权利和话语权被剥夺的现象。

艾：那手工业者如何看待幸福呢？

阿：手工业者是由行会组成的社会阶层。每个行会都有严格的规章制度，都有管事的师傅监管每个人的权利和义务。工匠的铺子里住着伙计和学徒。他们会联合起来捍卫自己的权利。这些职业（马口铁器商、补鞋匠、木匠、锅匠等）都是所谓的“规范”职业，因为既有组织又受保护。他们的幸福通常就是工作顺利，社会地位得到提升，在工坊或商店有良好的人缘。工匠老板夫妇同样注重声誉的维系，他们工作认真、诚实守信、订单量多，对伙计热诚。

艾：那农民呢？

阿：乡下的农民、农场主和短工过着另一种生活。来自精英阶层和哲学家的思想，即幸福跟大自然密不可分，对他们产生了很大的影响。无论生活多么贫困和悲惨，只要能跟大自然保持联系对他们来说就是幸福。城里人无法体会乡下的习俗和生活。农民从自然之美中感受到美好和快乐，而城市的奢华和无序让他们感到糟糕。农民的幸福散发着麦秆和田野的香气。“我几乎一无所有，但内心充满宁静祥和。”这是让·布隆代尔书中一位农民的话。

自然中的幸福

艾：在这个启蒙和文雅的世纪里，幸福会存在于自然中吗？

阿：大自然描绘出一幅幸福的乡村图景。我们习惯认为18世纪属于城市，但其实这个世纪也体现了典型的乡野幸福。正如卢梭所言，城市太堕落，是奢华纵欲之地，而大自然更接近本质，是新鲜和纯真的象征。这里所说的自然是原始的自然，还未受到社会和城市的荼毒。在路易－塞巴斯蒂安·梅西耶于1782年发表的《巴黎图景》中，可以清楚地看到城市中的危险。路易·塞巴斯蒂安·梅西耶是18世纪著名的专栏作家。他以一位社会学家的角度观察巴黎这座城市和其中的居民、交通、奢华和不公，没什么能逃过他的双眼。他用灵活的文字敲奏出首都或轻快或沉重的节拍。阅读他的文字，就能看到一座迷人又不安的城市。他勾画出一幅吓人的巴黎市民肖像，矮小、忧郁，丑恶的脸上愁云满面。对自然的颂扬并不是对失落天堂的怀念，也不是对俗世天堂的想象，更不是对原始天堂的影射。而表达出了回归一种未被人类触碰和损害的自然状态的愿望。

艾：是不是像《鲁滨孙漂流记》中的幸福，一种人类回归原始状态的幸福？

阿：差不多。法国大革命时期还出现了一种社会理想。他们试图建立一个理性的政治社会，构建一种道德幸福，这样人与人之间就能因博爱而团结。这种纯洁天真的幸福理想表达出了 18 世纪和法国旧制度时期人们的担心。无论是道德还是身体上的幸福都存在于“适度”中。不过，定义这个概念并不简单。罗贝尔·莫齐在《法国 18 世纪文学和思想中的幸福观》中做出了如下定义：“这是过多和过少中间的一条窄道。一边，穷人的贪欲让灵魂摇摆；一边，奢靡让灵魂晕眩。只有适度的富裕才能安定生活的起伏，而不违背内心的快乐。”

艾：这种适度的幸福意味着什么？

阿：幸福是达到一种平衡，用罗贝尔·莫齐的话说，“社会层面的静”。所以，身体不能太衰弱也不能太强壮，因为过度就会偏离幸福。幸福在于适度和中庸。许多健康和医学方面的文章都建议人们“量力而行”，慢慢起身、缓缓走路。这种“适度”跟过度的激情相反，是对骚动和嘈杂的欲望的批判。医学提倡的幸福观适用于男女老少，是人类通向幸福的医学处方。就如美德和幸福，要想获得健康，就得不紧不慢地做事。这并不是禁欲，因为禁欲本身就是一种过度，而是一种“营养饮食”，一种适度的节制。亚里士多德指出，道德在两种恶的中间地带。从对待身体的态度中可以得出拥有持久幸福的方法：情绪、饮食、运动、欲望等方面都要避免过于剧烈的波动。

不幸的人

艾：那时的平民阶层也能追求这种“适度”的幸福吗？

阿：对这个阶层的人来说，他们的生活别无选择。他们大多从乡下来到巴黎，因为巴黎是座“奇迹之城”，与里昂、马赛同为法国三大城市。由于就业机会多，巴黎对他们有强大的吸引力。但大革命时期的巴黎既是城市又是乡村：马约门周围长满了小麦，让蒂伊的地里长着绿油油的四季豆，蒙马特高地上更是一望无际的葡萄藤。巴黎林木葱茏、绿树成荫，为谈情说爱提供了便利，危险也潜伏其中。塞纳河发挥了比今天更重要的作用，木材、小麦、食材等供给都需要经水路运输。还有乘着驳船离家的孩子，在经过数月数年后，又乘船回到了父母身边。巴黎几乎就是一座水城，人们沿着河岸散步，靠河运输、工作，以河为生。这是一个以体力劳动为主的世界，凌晨三点人们就要步行去干苦工。同时，那时的社会没有男女之别，不像在19世纪，男女必须分开。那时男男女女一起工作，一起赶路，一起出入小酒馆。这种社会环境充满机遇又危机四伏，却是那个时代和劳动阶层的特点之一。

艾：那是一个混乱的社会吗？

阿：一个“散漫”的社会。人们唱歌、跳舞、喝酒、工作、操劳，身体受伤或进监狱也是家常便饭。他们全身心投入干活、打架中，无法做到养精蓄锐。无论在痛苦还是快乐中，他们的表现剧烈、投入，毫无保留。然而他们的愉悦不一定非得与纵欲有关。事实上，夫妻通常两地分居，比如丈夫待在乡下而妻子去巴黎赚钱。由于找不到住的地方，妻子只能合租，恶劣的居住条件就会造成一定程度的混乱和拥挤。他们总是表现出一种极大的热情，他们出入跳舞的咖啡厅，也忍受着痛苦的生活。繁重的日常加上社会规范的压力让他们喘不过气来。从那时起，在王权领导下的警察就主要负责每天监管民众的情绪。

艾：平民让他们感到害怕吗？

阿：平民一直都是王室和哲学家的重大关切之一，因为在他们身上，一切皆有可能发生。他们让人害怕。王室组织庆典，燃放烟花，激发他们的热情，赢得他们的赞同和喝彩。警察则负责留意他们，预防潜在的暴动和骚乱。

艾：他们没有想到把骚动和不幸的人关起来吗？

阿：1656 年迎来了关键的时刻，那一年启动了“大监禁”，米歇尔·福柯对此做过深入研究。王室决定将数量众多的游荡在城市间寻找工作的穷人都关起来。这群人被认为是无知且不可控的。这些穷人和乞丐不是逃兵就是出身于乡下。在当时，行乞被认为是严重的社会混乱，警察必须对其进行监视和控制。于是，为了抹除这些被认为损害市容的存在，警察将他们关进医院或监狱。这种做法更多是为了否认他们的存在，而不是防止他们引起动乱。因此，当时修建了许多大型医院，例如比塞特医院和妇女救济院。医院里既有病人也有疯子，既有穷人也有不正常的人，但目的都相同——见不到他们，他们就不存在。所有的边缘人物都消失在人们的视野中。这一举动对王室来说耗资巨大：妇女救济院容纳了三千名女性，比塞特医院有四千五百名男性，每年收留的孩子有两万个。不过以合理的管理形式对这一不安定群体施加控制正是“大监禁”的意义所在，也是警察和政府采取的必要手段。然而，这种手段最终被证实十分低效，因为逃出这个混乱隐秘的地方易如反掌，逃狱的人数几乎和被关进去的人数相当。

艾：总之要保障他人的幸福就得牺牲一部分人。

阿：这确实是对社会实施监管和控制的时代的一种幸福观。如果看不到乞讨，大众就自然而然地认为他们是幸福的，认为国王关心他们的“福祉”。但这种方法是行不通的。只要在巴黎抓捕行乞者，几乎每次都会引发骚乱和暴动。每个人都知道或许将来自己有可能会失业、生病、受伤，陷入乞讨的境地。因此，对逮捕行乞者进行抗议，是预防将来某一天同样的事会发生在自己身上。

艾：王室让警察监禁这些人或许有出于保护的考虑吗？

阿：那时并不存在羁押保护的概念，但一般人会认为这些人在某种程度上是受到保护的。然而，现实中等待他们的却是死亡，医院其实就像龙潭虎穴——正如对不幸束手无策的专栏作家和回忆录作者所描述的那样。

艾：所以免不了还是得谈谈那时的不幸……

阿：谈到幸福，就绕不开不幸。实际上，不幸才是穷人的命运。不幸有什么表现？首当其冲的是失去孩子、手足或父母。丧偶、接二连三的丧事、疾病、饥饿、贫穷构成了他们的日常——我并没有想特意强调不幸。不同于对这个世纪的固有看法，死亡仍是撕心裂肺的大事：即使你已经失去了八个孩子中的六个，但每一次的分离都让幸福消失得无影无踪。死亡绝对不会变得习以为常，尽管婴儿的死亡率攀升，但母爱不会消失。母亲会在不得以要抛弃的婴儿的帽子或者衣服下放一张小纸条，上面写着“我向你们保证，孩子已经受洗过了”或者“孩子喜欢有人摸他的脑袋”。甚至有时后悔或经济条件好转的母亲会重新找回孩子。

控制快乐

艾：因此，法国旧制度时期的目标就是掌控平民的幸福和快乐？

阿：我不认为可以这样说，王室肯定还有其他目标，比如争夺领地。但这种治安组织绝对只是一种空想：对一切进行记录、观察和归档，试图建立一种长期有效的监管。这种做法反映出想要把平民变成“顺从的身体”的意图——用米歇尔·福柯的话说。然而失败也是注定的。国王及警察总监为了保障臣民的幸福，执迷于“公共安宁”。这就要求穷人不能被看见，保持“安静”，听从命令。这是警察专著中的幸福观，其中最重要的是尼古拉·德拉马尔的《警察学》：平民追求幸福时不能损害公共秩序。在国家内部追求幸福，就是要求他们不要出现或者尽可能少出现。对统治阶级来说，人与人之间的不平等成了社会平稳和集体幸福的借口。伏尔泰在《哲学辞典》中对“平等”做了如下解释：“除非有无限数量的人一无所有，人类是不可能生存下去的，人类就是这样。”

艾：反观贵族，他们是否就拥有不受控的幸福呢？

阿：并没有，因为纵欲被视为犯罪。警察会管控贵族或来自国外的王公贵族，正如管控同性恋（同性恋者最后一次被判死刑发生在 1746 年）、误入歧途的神父和风月场所。国王不希望让贵族掌握太多权力，因此贵族也成了不断被监控的目标。

艾：成为国王，是否意味着获得了至高的幸福呢？

阿：相比认为国王是享有至高幸福的人，其实他更像是以上帝的名义赐予幸福的人。以社会安宁的形式赐福是国王的义务。王令都会以“国王向他愿得福的臣民告曰……”作为开头。如果国王能保障臣民的幸福，臣民就需向他付出忠诚和爱。只有臣服给予百姓和平安宁的国王，就像信仰赐予善和救赎的上帝，才能获得幸福。但国王也可以追求自身的幸福。国王体魄强健、精力充沛，所以后宫佳丽三千也不足为奇。但还是有一些需要遵守的原则。当路易十五出征佛兰德时，他没有带上理应随行的王后，而带了情人沙托鲁公爵夫人。按照传统的观点，私情和战争不能并存，如果国王想赢得战争，那么陪在身边的应该是王后而不是情妇。国王还必须在大事件前表现出自己的道德。他是一个公众人物，要出席众多场合，比如妻子的生产谢礼（指产妇在经过一段时间的休息后回归社交和公众生活）和王储大婚典礼等。民众不知道国王的幸福，而国王要为他们的幸福负责。保卫疆土，保障人口增长，往各地派遣警察、军队和官员，修路，供应粮食，管理财政、税收以及财富分配。这一切都和百姓的幸福息息相关。

第二场

物质主义的诞生

18世纪对生活充满了发现的好奇。幸福是发现，也是节庆。喝着巧克力观看国王的婚礼就是一种幸福。

对奇特的兴趣

艾：如果要画一幅以快乐为主题的画作，那在 18 世纪的巴黎要画些什么呢？

阿：首先是一种集体的快乐，也就是节日庆典，可以是凡尔赛的宏大庆典，也可以是玛丽桥[①]或新桥[②]上低调简单的庆典。不工作的日子有很多。听音乐、看烟花、看狗熊杂耍、坐热气球、坐塞纳河上的游船都是快乐的事。总之，幸福就是一种体验和发现的乐趣。在这些欢乐时刻，贵族身处平民之间，被同样的好奇心驱动。18 世纪是一个城市和乡村到处充满戏剧性场面的世纪。巴黎是一座奇迹之城，人们都梦想着去那里发家致富。但她也是一个不友好的地方，会带来不幸。她魅力无穷又冷酷绝情，让各个社会阶层都体会到了强烈的矛盾感。贵族一般住在乡下，逍遥自在，到处旅行。他们跟外国人尤其是当时的俄罗斯人维持着活跃的联系。然而 18 世纪的人并不梦想天堂之地，对他们来说，交流、对话和演出就是幸福的基本形式。

① 玛丽桥是巴黎横跨塞纳河的一座桥。大桥连接圣路易岛和德维尔酒店大街。
② 新桥是塞纳河上年代久远且著名的桥梁，建于 1606 年。

他们渴望获取信息，对怪诞、不同寻常，甚至是可怕的和来自异国的都非常吃惊，比如美国印第安人、长着两个头的人、穿着橡胶鞋试图穿越塞纳河的人等等。还有去打听和了解的幸福，去杜伊勒里宫打探消息，获取外国的讯息。幸福是了解新的消息，因为获取知识就是一种权利，一种知情和思考的权利。

艾：然而我们一般认为18世纪是理性的世纪……

阿：但也是发明了动物磁气说[①]和超自然体验的世纪。交流的乐趣和好奇心促使人们向往国外。那是一种对奇特的爱好，对不可信的相信。

这种对怪诞的向往并不是基督教信仰弱化的征兆。信仰的弱化有更深层的原因，即权力的去神圣化，国王的天赋神权受到质疑。

① 也叫动物磁流学说。18世纪末，由奥地利医生麦斯麦提出，认为人体内存在着一种磁流。

主保瞻礼节和巧克力

艾：是什么造就了这个世纪的幸福?

阿：与纪念圣人相关的众多休息日让日常生活充满了节庆的气氛。圣马丁节是纪念穷人、仁慈、慷慨和馈赠的节日，圣于贝尔节和圣热纳维耶芙节都是喜悦的节日。圣热纳维耶芙是巴黎和灾难的主保圣人（如果雨水不足或泛滥,就要向她祈求，抬着她的圣龛在巴黎游行）。公共假期、王室节日和基督教节日都是盛大的节庆日。还有圣周一节，这就是为什么如今依旧有些商店要在周一歇业。在那一天，入市税边界（指的是围绕巴黎的一圈障碍物，进入需缴税）以外酒水会更便宜，所以人们离开市郊欢度节日，庆祝不需要工作、喝酒跳舞的幸福生活。

艾：这有点像主保瞻礼节时城里的气氛……

阿：不，主保瞻礼节更像庆典，还要燃放鲁杰里家族从意大利进口到法国的烟花。最后，还有王室赞助发起的节日，主要是为庆祝战争胜利、王子婚礼和顺利生产而举办的彰显国王荣耀的节日和庆典。这些公共仪式和庆典之多是现在根本无法企及的。1770 年的一场王储婚礼吸引了无数人到场，导致多人死亡：人们朝着格列夫广场，也就是如今的巴黎市政厅广场互相推搡踩踏,马车里的贵族撞翻了步行的平民,三百人当场猝死。这个世纪有着一种高涨的热情。人们痴迷于水上游戏，但最沉迷的还要算巧克力这种“毒药”或“毒品”。这是一种极为昂贵的香料，能享用巧克力的特权人士沉醉于此。这种饮品的发现并不是什么趣闻轶事。就像咖啡一样，巧克力因其高昂的价格只有富人才能品尝。它代表了一种不为人知的物质，带来了全新的乐趣和从未想象过的味道与热情。

艾：幸福只发生在大街上吗？没有“私人”的幸福，也就是在家中的私人空间里的幸福吗？

阿：在那个时代不存在私人空间。“隐私”是19世纪的产物，那时并没有。幸福从来不在家里而是在别处，在街上、沙龙里，有时在宫廷中。那时甚至还没有私人空间的概念，平民的大门相互敞开，而贵族则住在更高的楼层，与其他楼层的手工业者和工人互通有无。生活的不稳定性导致了混乱和拥挤：手工业者生活在作坊里，伙计睡在工作台下。正如夏尔丹[①]所描绘的那样，日常生活的场景就是孩子、父母和邻里混住在一起的画面。幸福不在家里。街道、邻里和街区才是幸福或者不幸的所在。所以，好工作、高薪水和好名声都是获得幸福和尊重的手段。

艾：街道上会有什么不幸发生呢？

阿：我能想到的比如公开处刑。我不确定处刑的次数是不是有节日数量那么多，但每次围观的人群都不会少。绞刑台前发生过大量暴动：遇到仆人因偷窃被判死刑时，人群会为罪犯

① 夏尔丹（1699—1779），法国画家，法国18世纪市民艺术的杰出代表。

辩护；或者当刽子手失手时，人群就会爆发责备。有些人带着恐惧观看死刑的执行，但通常来说，他们只是见证了死亡的发生。这是一场死亡的演出，能引发许多思考：死亡意味着什么？灵魂会离开躯体吗？我们有机会见到灵魂吗？从某种程度上说，人们观看的是一个奥秘。此外，启蒙时期的人对戏剧十分热爱，以至于他们有时会在风月场所改宗。因此，警察对此实施着严密的监控。戏剧可以具有破坏性，观众就是证明：他们大叫大笑，代入演员的角色，全程反应激烈。

快乐艺术

艾：爱不也是这个世纪的人最关心的事吗？

阿：爱是一种需要不断学习的幸福，而追求爱是最受人们追捧的一种幸福形式。收到情书、礼物、小费和绶带都是幸福。小小的争论、反抗或是开玩笑都能让人幸福。开心大笑、凝视对方的面孔和互送秋波都属于快乐。

艾：那在追求这件事上，女性处于上风吗？

阿：平民阶层的女性遭受了许多暴力，她们没有任何自由或民事权利。她们从属于男性，经常受到残忍的对待。然而，我觉得18世纪的女性比19世纪的女性更加“幸福”，至少她们可以自由出入小酒馆喝酒、工作、闲逛等。贵族女性可以组织沙龙，进行社交。她们会在沙龙上发表见解和讽刺。而19世纪的女性更受束缚和限制。

受人喜爱的艺术和谈话的艺术是获得幸福的手段。18世纪的社交活动热闹非凡。沙龙是讨论和论战的场所，主要目的则是交流和施展智力的魅力。无法成为记者、作家、政治家或负责人的女性们，成功地举办了科学和文学沙龙。这些沙龙受到热烈欢迎且引起了极大的反响。有文化的贵族女性，如埃皮奈夫人[①]，在当时产生了极大影响。在沙龙里，人们高谈阔论，畅所欲言，施展最大的魅力，用温柔和热诚俘获他人。这是精神层面的吸引，女性在其中扮演的不是“重要的笑柄”，而是辩论

① 埃皮奈夫人（1726—1783），法国女作家。

的发起者。在路易十四和曼特农夫人[①]的统治下，17 世纪的上流社会生活受到遏制，而 18 世纪的社交生活更加充满对分享、交流和发现的热情。这又是一种交流的幸福和在交流中获得的幸福。

艾：18 世纪的女性没有受到道德的约束吗？

阿：18 世纪的女性能自然参与到公共生活中。她们有权利发表意见、参与斗争，女性甚至出现在反抗前列，因为女性受到的处罚小于男性，她们面对警察时坚定不移。在法国大革命期间，在议会中的女性人数因为实在太多以至于最后不得不把她们赶出议会。这是对积极活跃在公共生活中的 18 世纪女性的侮辱。

① 曼特农夫人，法国国王路易十四的第二个妻子。1652 年和作家保罗·斯卡龙结婚。1660 年，她丈夫死后寡居曼特农城堡。她美貌绝伦，富于同情心。1675 年路易十四赐她为曼特农侯爵夫人。1683 年法国王后死后，路易十四娶她为妻。

艾：18 世纪也标志着物质主义、经济和自由思想的诞生……

阿：18 世纪的重农思想反映了当时的经济，自由思想随后诞生，但没有立即付诸实践。手工业领域及行会享有一定自由，他们认为有钱就是满足。在这一问题上两种思潮产生了对峙。狄德罗和伏尔泰认为，只要奢侈的目的是快乐，那它就有存在的合理性。这里不是指拥有财富，而是将钱作为满足快感的工具。他们不提倡积蓄钱财，而倡导花钱。节约是应受指责的，等同于吝啬或消极。另一方面，像卢梭等哲学家捍卫节俭和“适度”的思想，他们认为财富会打乱人内心的平静进而腐化人。富人必然是不幸的，因为在任何情况下钱都无法成为得到幸福的工具。所以穷人是最幸福的人，他们甚至不会去担心幸福的问题。对卢梭来说，穷人的幸福就是身体强健和工作安稳。

艾：这一点不是恰好符合出现了工作的概念且劳动被推崇为重要品质的这个世纪吗？

阿：是的。劳动是 18 世纪最主要的思想，它指出闲散让人意志消沉、萎靡不振且变得懦弱。18 世纪末前，重农主义者一直在强调国家统一的必要性，唯有国家统一才能促进劳动者和财富的流通。实际上，当时的法国习俗各异，法律也并不统一，导致各地税收制度差异很大，阻碍了财富的流通。如诺曼底、弗朗什-孔泰等地区都有自己不同的司法和经济体系，阻碍了国家的整体发展。重农主义学派希望能够走出这种分崩离析的状态，迎来经济的重大飞跃，为19世纪的到来做好准备。这些“经济学家”同样认为贸易可以带来和平以及不分国界的团结。启蒙时期依然向往人类的进步。但同时，伏尔泰既揭露了社会的不公正和不宽容，如卡拉事件[①]和因亵渎圣像而被斩首的贵族骑士拉巴尔，又把人民比喻成动物。狄德罗编辑的《百科全书》中同样充斥着类似的矛盾之处。

① 卡拉事件是1761年发生在法国图卢兹市的一起冤案。一个颇受人尊敬的胡格诺派商人让·卡拉被人诬告为杀害自己长子的凶手，被法官错判，受车裂之刑而死。1763年，法国哲学家伏尔泰通过各种渠道搜集证据为其平冤昭雪。

艾：我们是否可以说18世纪的人，不仅热衷革命，同时也向往更多的快乐并试图从消费中寻找满足？

阿：绝大多数人还是以生存为目标，在经济、社会和政治方面具有极大的依赖性。平民无法在消费中看到幸福的可能，原因很简单，因为他们根本无法消费。事实上，当时社会中多数人的身体受损、残疾、过度劳累，每年还有两万名弃婴以及数量众多的乞讨者（超过了人口的三分之一）。所以幸福就是生存。阅读了这一时期的文献资料后，我们发现平民阶层对生存、出人头地和成为一个自由独立的人的欲望无法得到满足。而这一阶层的人口占了当时巴黎总人口的百分之九十。还要注意到他们迫切想融入邻里社交圈并有充分参与街区生活的愿望。

第三场

欧洲新思想

人生而自由且平等。那幸福呢？法国大革命想要建立一个更公平的社会，也就是向包括穷人和贵族在内的所有人直接赋予一部分幸福的社会。

生存权

艾：圣茹斯特[①]曾说过："幸福是欧洲的一个新概念。"

阿：这是革命者所捍卫的思想。圣茹斯特想在真实的世界里创造幸福，建立平等的原则以实现公正和美德。根据大革命的思想，不再臣服于国王已经是朝幸福迈近的一大步，人民从此就是至上的，是自己的主人，不幸和不公也将大大减少。"幸福是一个新概念"，圣茹斯特这么说是因为他深知在旧制度下，所有的社会或经济活动都会和国王的意志、习惯法以及王公大臣的意志相抵触。推翻国王为人们描绘出了一种在日常生活中实现幸福的可能性。

艾：是否可以认为法国大革命是在人间可以实现幸福这种观念下发生的？

① 圣茹斯特（1767—1794），法国大革命雅各宾专政时期的领导人之一，也是罗伯斯庇尔最坚定的盟友，被称为"恐怖的大天使"或"革命的大天使"。

阿：对 18 世纪的大多数人来说，幸福意味着平等，意味着以一个独立于国王的真实主体来生活，而不是成为在国王面前毫无意志的人。18 世纪 50 年代的人想要终结的正是这种隶属地位。穷人想要发表自己的意见，做出自己的判断，所以幸福首先就是这种生存和思考的意志，甚至是反对王权和律法，而过去这是亵渎不敬的行为。

艾：在这种意志的驱使下发生了攻占巴士底狱吗？

阿：是这种意志让人民逐渐远离国王，并最终与之决裂。对精神幸福的追求贯穿了整个 18 世纪，包括对阅读、科学发现以及政治和哲学思考的追求。然而对于平民来说，必须为争取思考的可能性和自由而斗争。幸福是关于自由和平等的思想，但当时还不包括博爱。人生而自由且在法律面前平等，但不一定是博爱的。这种幸福变成了一种对警察和君主政体的斗争，而不是对贵族的斗争。除了暴乱和饥荒外，这种冲突一般都不是直接的。不管怎样，启蒙时期的人就是要跟警察算算账。

艾：他们的诉求让他们更加反对警察，而不是教会吗？

阿：事实上，直到今天，我们也认为大革命的发生包含宗教的因素。18 世纪 50 年代，教会分裂成封建势力的罗马教皇派和贴近普通平民的詹森派。第一位詹森派神父更确切地说属于亚里士多德派。信奉詹森派的教区大多是巴黎最穷的教区，比如位于巴黎拉丁区的莫贝尔－互助会街、圣日耳曼奥赛尔区或恩谷附近的圣雅克·德·奥·巴区。他们以为平民服务为宗旨，反对封建君主制和教皇。该教派神父主持的圣事，尤其是临终敷圣油仪式，被罗马教会认为是无效的。这样的判决激发了公愤，某些历史学家甚至从此事件中看到了大革命的起因。事实上，拒绝临终圣事等同于剥夺一个灵魂的尊严和安宁以及被救赎的机会。这个事件表面上看是宗教性质的，实际上促使平民开始质疑君主制。他们开始认为国王对灵魂没有任何权力，无法决定灵魂是否能得到救赎。对于普通百姓来说，这是一种全新的幸福观，灵魂的救赎从此成为自己的事，国王的命令无法再强加给他们。每个人都向往着独立思考的权利，包括反对国王的命令，即使他是上帝在人间的代表。这种对幸福的追求创造了“公意”，也就是独立思考和自由表达的权利和能力。国王无法介入人民的愿望、思想和幸福中。诚然国王可以提供面包和工作机会，却不能左右人们的思想。

艾：对生存权和思考权的渴望点燃了大革命的导火线？

阿：不同于某些历史学家所持的论点，我认为大革命的发生是偶然的，即便在 7 月 13 日也没人能预见 14 日会攻占巴士底狱。大革命爆发的形式也是出乎意料的，但国王出逃瓦雷纳加速了大革命的爆发。随着路易十六出发前往瓦雷纳，所有人的幸福也都消逝了，因为国王逃跑就像父亲抛弃了孩子，正义被唾弃了。如果国王像上帝一样以保护臣民的幸福为职责，那么他的出逃就是对这种幸福的讥讽。对大革命的发生肯定还有其他的解释，但瓦雷纳事件是法国民族精神上的一次重创。出逃海外的国王违背了他的义务和职责，背弃了自己、道德、幸福以及接近上帝的身份。从那时起，人们意识到要对国王进行审判。国王因钱币上的肖像而被认出，在瓦雷纳遭到阻拦就是一个标志。讽刺的是，金钱象征着权力和对国王的服从，他就像一位父亲，上帝在人间的代表，即使没有人喜欢他。革命者的发言体现了为平民重建幸福的意愿，这种幸福不在依靠君主体制和国王，而符合博爱、正义的美德，以及共同利益与财富分配的思想。这种幸福要求必须废除封建领主过分独断的特权。

艾： 大革命标志着幸福元年的到来……

阿： 是的，可以说这就是期盼、梦想和理想的幸福。即使在大革命时期出现了一些错误、不公和恐怖的时刻，但在历史上从来没有哪个时期如此高度一致地为整个社会创立幸福。人间的幸福成为可能的和合理的想象。我只在 20 世纪的抵抗运动时期看到过人们拥有同样坚定的信念，并对历史产生了相似的重大影响。大革命者充分意识到要书写和创造历史，要建立平等和自由，要结束封建领主和王权专制的社会。封建领主拥有的是特权，而革命者描绘的幸福理想必然要消除特权，从而在公民中建立平等，从公众的集体利益出发，符合圣茹斯特和罗伯斯庇尔所倡导的道德要求。革命者们具有极高的道德觉悟，所以他们谴责生活放荡的贵族。这样我们就更加能理解对玛丽·安托瓦内特[①]的抨击了，因为她象征了奢靡和堕落。革命者的幸福并没有缺失美德或道义，所以罗伯斯庇尔和圣茹斯特在这层意义上可以被认为是道德家。

---

① 玛丽·安托瓦内特（1755—1793），法国国王路易十六的妻子，死于法国大革命。

幸福的专制

艾：这种无法跟道德分离的幸福观会不会导致了恐怖统治的出现？

阿：在历史这门学科中，对大革命存在两种解释：要么支持1789年7月14日之后的大革命孕育了恐怖统治这种观点，要么认为恐怖统治是在大革命之后到来的。这两者并不相同。实际上，革命者是被旧制度下的社会塑造而成的人。他们是大资产阶级，甚至是贵族，他们对权力的看法传承自旧制度。正是在这个具体的问题上出现了分歧，雅各宾派、吉伦特派、山岳派各执一词，针锋相对。罗伯斯庇尔和圣茹斯特这一边认为必须消除不公，一切才会变得公正。从此，不能给“幸福的敌人”留下任何生存的空间。这是以道德的名义实施的幸福专制。但这种专制统治并没有在7月14日之后的一系列事件背后显露出来。巴黎人民并不希望恐怖统治出现，是权力和意识形态的冲突才导致了恐怖。但他们确实是以与道德紧密相连的幸福为名才做出了跟过去“彻底决裂”、消除不公和恶的决定。这有点类似严格的清教主义，以反对一切、重建幸福为信念。

艾：参加革命的人难道不是为了争取只掌握在贵族手中的幸福而斗争的资产阶级吗？

阿：历史学家确实认为1789年革命是一场资产阶级革命而不是群众革命。但革命者就像平民一样混乱且无法预料。丹东[①]就出生于平民家庭，父亲是服装商人。1789年大革命描绘的是大商人和大手工业者的幸福，他们所操心的是存钱和省吃俭用，以维持适度的生活。这种幸福是一种节约的美德，一种可悲、计较和理性的美德。同时手工业者相比贵族地位卑微，又羡慕他们的享受、奢侈和挥霍。他们被困在怨恨和沮丧中，在苦涩中建立幸福。我们可以联想到巴尔扎克笔下的人物，羡慕着奢侈的生活，自己却只能节衣缩食，生活拮据。这些人的道德在于限制花销和想象，他们的快乐在于节约而不在浪漫或风雅。从这一点上看，这些吝啬的大商人与17世纪的伪君子简直一脉相承。

① 乔治·雅克·丹东（1759—1794），法国政治家、法国大革命领袖。18世纪法国大革命时期著名活动家，雅各宾派的主要领导人之一。

艾：18 世纪标志性的“甜蜜”生活是不是已经慢慢消失了？

阿：即使 19 世纪目睹了无产阶级解放运动和女权主义的来临，但那也是一个艰辛黑暗的时代。那个时代发展出了对卫生、干净和健康的热切关注。那是一个压抑不安的时代。关于激情、身体和情感的东西慢慢消失。18 世纪充满混乱和暴力，有时晚上出门或简单走走都有生命危险，但活动丰富，人声鼎沸，马、牛、猫、狗四处撒欢，人们狂热大叫，喝得酩酊大醉，横冲直撞……我们现在的身体和物质条件已经不同，身体所受的刺激少了，因为得到了更好的照顾而变得更加幸福。在诺贝特·埃利亚斯[①]所研究的这个文明的进程中，我们已经慢慢丧失了身体的感官，忘记了拥挤、交流和集体生活的意义。我们赢得了一场真正的民主，但技术统治主义和人情冷漠的幽灵也已出现。

① 诺贝特·埃利亚斯（1897—1990），德国著名社会学家，一生致力于“人的科学”的研究，试图整合社会学、心理学、历史学等学科，并以“形态社会”来整合微观社会学与宏观社会学、“心理发生”层次与“社会发生”层次的问题，被誉为 20 世纪百科全书式的人物。

尾　声

当下的幸福

Épilogue

LE BONHEUR AU PRÉSENT

启蒙时期留下了什么?

艾丽斯·热尔曼(以下简称“艾”):18世纪所创造的大众幸福,这种新思想现在还剩下了什么?难道现在的幸福不是一件私密和个人的事吗?

阿莱特·法尔热(以下简称“阿”):对我们当中的大多数人来说,幸福首先是一件私人的事:拥有房子、孩子、事业等。我们有时不会用“大众幸福”这个术语来描述幸福,除非现在我们的社会正为欧洲甚至全世界的民众争取平等的机会。而18世纪的人发明这个概念正是为了他们的平等和自由不再被剥夺。

18世纪同时也是一个充满好奇心和求知欲的世纪。在我看来,我们似乎已经失去了这样一种大众好奇心。每天都有大量信息涌入我们的头脑,使得我们趋于饱和甚至变得顺从。18世纪的每个阶层都具有强大的好奇心,他们可以谈论一切,想要创造一切,每个人都有不同程度的情报和财富。幸福就存在这种交流的快乐、诱惑和吸引的游戏中。无论是在大街上还是在沙龙里,到处都是一片热烈的气氛。最后再补充一点,我们不再表达身体和行动的欲望,失去了激情和表现力。总的来说,我们失去了与他人的联系（无论这种联系是温柔的还是暴力的）以及参与公共生活或政治生活的热情。同时，这也暗示着一种希望，我们已有所意识并为此遭受折磨。改变的可能性还是存在的。

天堂留下了什么?

艾：当代社会不再信仰永恒的幸福。最近，在对参加宗教活动的基督教徒的调查中，我们可以看到相信死而复生的人越来越少。这是否意味着对天堂信仰的结束?

让·德吕莫（以下简称“让”）：自称基督徒的人、不相信耶稣复活的人和不相信因耶稣复活而人类可以复活的人，这三者实际上是不同的。基督教教义相信来世，这个来世是通过救世主的复活实现的。这也是拜占庭圣像画中经常表现的主题。它通过耶稣的复活，也就是说通过表现耶稣去往了死者所居住的地方后可以重返人间，表现了基督耶稣的使命就是把永恒的幸福带给人类，让人类远离死亡，将人类从远离爱、远离上帝的境地中解救出来。

艾：难道不是因为人类对在此时此地获得幸福的迫切渴望，其中也包括基督徒，才使得对来世的信仰慢慢消失了吗？

让：五十多年来，西方国家科学和技术的发展使得生活的舒适度、交通的便利度和福利获得了前所未有的提高，因此我们可能会比祖先们更加幸福。我们已经不再像他们一样听天由命，我们拒绝对不幸逆来顺受。寿命的延长让人类更为重视人世的生活和幸福。我们对具体幸福的等待和追求，让我们不再操心来世。所以，我们处在一种永生的幻觉中。死亡终将到来，但我们不必浪费生命去思考它。我们的社会已经抛弃了死亡，即使有信仰的人都认为死亡是将来和别人的事。人们越是不害怕，越是过得舒适，那么关于来世天堂和幸福的思想就会离人们越远。在历史上的恐怖和阴暗时刻，人们活在痛苦与不幸中，对天堂和来世幸福的渴望成了一剂解药。既然如今人们的物质生活丰富，怎么还会去想象天堂的存在？因为我们拥有更好的物质条件去享受生活，所以更关注此生的命运并不断将思考死亡的时刻推迟。

艾：信仰来世的幸福是否仍对焦虑的现代人有意义呢，尤其是在这个只把实现自我价值作为唯一幸福来源的现代社会？

让：试图在最大程度上“实现自我的价值”是合情合理的，只要建立在不伤害别人的基础之上。然而几乎所有人在临终时都会意识到自己只完成了一部分心愿和梦想。自我的完全实现是不可能的，这是一种永远无法在人间实现的幸福。诚然有些人的一生比起他人来要更加“成功”，但在生命的终点说出“我完成了所有想做的事，得到了所有希望的幸福”这种话是没有人能够做到的。在理想和现实之间存在着一种无法缩减的距离，我们所期望的永远比我们能做到的要多。所以，有信仰的人才会向往一种来世的幸福。不满足是人生的根本，解释了人的一生。

艾：《圣经》中的不幸之人约伯说：“我仰望得好处，灾祸就到了；我等待光明，黑暗便来了。”难道幸福真的不会来临吗？

让：《圣经》中有许多文章，尤其是在《约伯记》和《传道书》中谈及了人类生命的脆弱性。约伯并不相信死后复生。前面也说到过，这种信仰较晚才出现在犹太教的教义中。约伯并没有期待在“别处”或时间之外得到最终的奖赏。在经历了痛苦和不幸之后，他只希望在这辈子找回自己的财富。

艾：天堂的消失是否伴随着希望的消失？

让：失去希望的同时，我们也失去了生活的意义。如果生活是不幸的，那它就会归于虚无，我们就只能自问：“人为什么要活着？”诗人莱昂－保尔·法尔格[1]曾说过“生活就是虚无的小酒馆”。当代哲学家尤其是黑格尔将人类定义成“向死而生的存在”，认为人类最真实的态度就是接受死亡。而对基督徒来说，死亡无论多么艰难，都是通往快乐来世的通道。

艾：这种信仰难道不是将宗教变成了一种安慰吗？

让：宗教并没有为了抚平生活的不幸而“创造天堂”。相反，我认为是我们的心在向往永恒，呼唤“神明”。幸福的“来世”可能算是一种安慰，也是一种信仰，相信度过“炼狱”一定会走向来世的光明。这种信仰赋予了生活意义，帮助我们理解自己的行为，审视自己的过去。即使人类是进化的产物，那也不是偶然出现在人世间的。然而，当今很多人渴望一种无视未来

① 莱昂－保尔·法尔格（1876—1947），以写巴黎出名。他的诗作不多，但都为精心之作，并擅长写散文诗。

希望的即时幸福，这只会导致希望的破灭，继而产生一种失落感和虚无感。追求失去希望的幸福，在我看来就是一种没有未来的态度，反映出当代社会的迷茫。最大程度享受此刻和现在的生活，最终会将生活变成了“虚无的小酒馆”。因为根据过去和现在的经验，我们构想不出一种无病无痛的尘世生活。所以，要么一切都毫无意义，要么意义存在于死后，并由此照亮了此生的快乐和痛苦。

古代智慧留下了什么？

艾：启蒙时期的乌托邦主义没有得到发展，天堂也一样。因此今天我们又回到了哲学。想要变得幸福，难道不是希望幸福一直持续下去吗？

安德烈·孔特－斯蓬维尔（以下简称“安”）：如果情况是这样，那这就是无法实现的。人生老病死……幸福怎么可能会一直持续呢？要放弃幸福持久的想法，不要再去想幸福的永恒性，好好活在当下。每天早上醒来时觉得快乐马上就会到来，这就是一种幸福。这也是弗洛伊德的“哀伤理论”教会我们的。当一个人失去了全世界最爱的人，肯定不会快乐，会觉得自己永远不会再次感到幸福……可是半年或者两年后，他会发现快乐再次变得可能，甚至有时变得很真实……此刻，重获的快乐可以再次证明哀伤已经完成，不管怎么说生活已经步上了正轨，幸福慢慢再次诞生……哀伤来源于悲伤，最后走向了快乐。这就是哀伤存在的必要性。既然人都是要死的，不接受自己和他人的死亡就不会获得幸福。这是蒙田的智慧：“凡人的任何快乐都会消失。”幸福也一样。

艾：因此幸福就是珍惜当下，过好每一刻？

安：千万不要把幸福缩减为“小幸福”、小快乐和小满足！虽然想要幸福就一定要放弃永恒的幸福，至少不要认为永恒等同于一段无尽的时间。无尽的时间只能是过去和将来的总和，换句话说就是两种虚无的总和，所以只存在于想象当中。圣奥古斯丁说过，过去什么都不是，因为它已经不再；将来也什么都不是，因为它还没有来临。那过去和将来的总和怎么可能存在呢？唯一存在的是现在，现在继续前行，然而现在不是一个期限。现在能持续多久呢？一个小时吗？当然不是！对于正在流逝的这一个小时来说，一部分已经过去，一部分还未到来。只有这一个小时中分开过去和将来的这一没有长度的瞬间才是现在。一秒钟？也不是。在这一秒钟内，一部分（例如 300 毫秒）已经过去，一部分（700 毫秒）还没有来临。现在就位于第 300 毫秒和第 301 毫秒之间。但在这两个千分秒中，什么都没有。现在，就是虚无的时间单位，但这就是真实。不是一段时间，而是持续的一个存在。这就是我们所说的永恒，但完全是不同的含义：不是一段无尽的时间（过去和现在的总和），而是没有期限的现在，就是此刻。处于运动中的存在才是存在的行为本身。不像一个实体，更像一种变化。不像一个名词，更像一个动词。这就是现在。我们只能活在当下，而当下不停在改变，也不停在继续。昨天？已经逝去。明天？还没到来。只有现在，就是今天，就是当下。现在是我们唯一的容身之所，我们已经处于永恒之中。只是我们还没有意识到这一点而已。我们被困在对过去的怀念（后悔、怀旧）或对未来的思念（希望）中。虚无青睐我们，因为我们青睐它。但我们可以体会到此刻的永恒，就如斯宾诺莎认为的那样："我们可以感受并体会到我们是永恒的"（并不是说我们在死后会获得永恒，而是说我们此时此地就是永恒的）。而这就是快乐！这就是圆满！体验这种具有永恒维度的快乐值得用"幸福"以外的其他字眼称呼，可以借用斯宾诺莎的说法，称之为"真福"。真福不是对所有愿望的满足，也不是永久的快乐（不是至福）。它是幸福永恒的一面，也是真实的一面。所以，幸福不再是去想象一种可能发生的快乐，而是真正（并永恒）地去体验当下的快乐。这种体验可以说来自神秘主义，至少关乎精神层面，但不关乎宗教。这是一种活在永恒当下的方式。

艾：所以幸福有很多种吗？

阿：当然！甚至数都数不清，有多少人和多少幸福的时刻……为了对此进行总结并方便理解，我们可以将幸福分成三大类，或者说三种思考方式。第一种认为幸福是一种不变和持续的快乐，来自所有愿望都得到满足，也就是我所说的“至福”。这是一种存在于想象中的理想，而不是理性的产物。我们与这种幸福能产生的唯一关联就是不再相信它。至少此生，我们永远也无法获得至福，只有放弃这一想法，我们才能在人间获得幸福。

第二种是一种相对的幸福观。我们或多或少都是幸福的（只要不是不幸的），或者能接近幸福。每当快乐离我们越近或快乐的出现越简单频繁，那么快乐就越可能马上发生。这是一般意义上的幸福。

最后，还有一种智者的幸福，就是我所说的“真福”。那是一种当下的幸福，存在于真实中（而不是对快乐的想象中），也存在于永恒中（而不是对过去和将来的总和）。人类不是永恒的，我们不停改变、变老，终将死去。但我们可以在此时此地体验永恒的时刻。我们不是智者，但我们有属于自己的智慧时刻。“感受并体验过”这种真福（就像幸福的永恒，就像永恒的快乐）的人将永远不会忘记它。虽然死亡无可避免，但死亡并不妨碍人曾经体验过永恒的生命。

艾：这意味着我们应该摆脱所有的欲望吗？幸福是一场对抗欲望的斗争吗？

安：当然不是！如果说欲望是人类的本质，就像斯宾诺莎所说和我所认为的那样，只有当我们摆脱人性，甚至是动物性时，才可以摆脱所有的欲望，那也就只能变成尸体或者成为神了。对我来说是不太可能的！不是要根除欲望，而是以其他方式对待欲望。根据柏拉图或者斯宾诺莎的理论，思考和实践欲望有两种不同的方式。在柏拉图看来，欲望就是缺失。欲望的对象只能是自己没有的东西。因此幸福永远都不会实现，因为幸福意味着拥有自己想要的东西。进一步说，如果我们想要的是自己现在没有的（因为欲望就是缺失），从定义上看，那我们永远也无法拥有想要的。这并不是说欲望得不到满足，而是一旦欲望被满足，欲望就不再是欲望了（因为欲望得到了满足，缺失就消失了，又因为欲望是缺失，所以欲望也消失了）。所以，我们永远无法得到自己当前想要的，至多只能拥有过去想要的。然而，幸福不是拥有曾经想要的，而是拥有现在想要的，所以我们永远无法幸福。总之，在欲望等于缺失的前提下，幸福必然是缺失的。我们只能期待幸福，而永远无法体验幸福。

艾：所以要以其他方式对待欲望。

安：是的，要以其他方式思考和实践欲望，放弃柏拉图，选择斯宾诺莎。斯宾诺莎认为欲望不是缺失而是能力，类似于我们通常所说的性能力或者胃口。性能力，不是渴望得到没有的，而是享受与就在身边的伴侣做爱的能力。有胃口，不是缺少食物（饥饿），而是享受拥有的食物的能力。在用餐前，我们往往会祝用餐的人“有一个好胃口”，背后想说的是“食物有的是，我准备了很多，祝您充分享用眼前的美食”。并不是要消除欲望，而是要将欲望转化：从渴望缺失转变为渴望不缺失，也就是渴望存在。渴望不存在的东西，是一种渴求；渴望存在的东西，就是爱。因此尽量减少渴求，多去爱。

艾：这意味着将欲望转变为快乐，因为胃口或享受最终就是一种快乐……

安：是的，把欲望作为一种快乐来体验！性的体验就是最鲜明的例子。认为性欲是获得高潮（性高潮会暂时消除性欲望）的人并不真正懂得是什么造就了性生活的满足和快乐。如果只想通过最快捷的方式达到高潮，自慰是更有效率的一种方式。但谁会满足于此呢？性的乐趣正相反。不是直抵快感，而是享受过程，越长越好！不是消除欲望，而是培育、发展欲望，让欲望持续并重生。所以我们才会说“做爱”，不是吗？做爱是一种“行为”，既不是状态也不是拥有，而是行动的快乐，因对方的欲望而获得加倍快乐。这也不是把欲望变成快乐，而是享受欲望本身。这是对我们一生都有益的教训。幸福就是“对仍为欲望的欲望之爱的实现”（借用勒内·夏尔[①]谈及诗歌时的表达）。因此，欲望不再是对象的缺失，而是享受对象的能力，即爱的能力。

---

① 勒内·夏尔（1907—1988），法国当代著名诗人。生于法国南方沃克吕兹省索尔格河畔的伊尔，早年一直住在家乡乡间。后从事文学，受超现实主义影响。

艾：那希望还是对缺失的体验吗？

安：希望是一种欲望，但并非所有欲望都是希望。欲望范围内的希望有什么特征呢？我可以指出三点。第一，从定义上看，我们只能对自己并不拥有的东西产生希望。希望是一种缺乏客体的欲望（希望是想要但无法享受）。第二，希望的满足不取决于我们。这是希望和意愿的区别所在。希望是想要但无法得到。最后，第三种特征，我们并不在乎希望是否能实现。希望是想要但无法知晓。这既是希望的优势（在每次我们失去快乐、力量或知识时，希望总是出现在那儿。当我们变弱，希望就变强），又是希望的缺陷（每当希望出现，快乐、意志和知识就不在了）。斯多葛学派有他们的道理，他们在希望中看到的是热情，而不是道德。斯宾诺莎也有他的道理，他在希望中只看到了“知识的匮乏”，就像“灵魂的无力”，应尽己所能将其摆脱。意志、知识和爱都胜过希望。

艾：不能把希望看作是对欲望的实现或是一种圆满的体验吗？

安：再以性体验为例，我看不到其中能有什么希望。反而是因为没有留下任何希望而更为圆满。同样，在我读诗时，我什么也不去期待，我只是简单地对这首诗感到满足。保尔·瓦雷里曾说："美丽的，是令人失望的东西。"这对所有令我们感到满足的事物都一样。我的幸福时刻，不是比平时产生更多渴望的时刻，而是那些享受当下的时刻，有时以至于对其他一切失去了兴趣（这是生命当中最美好的时刻）。我也不希望这种幸福能持续下去，否则，就像希望总是伴随着担忧，我就会马上陷入幸福终止的焦虑中。相反，希望强烈的时刻有可能是极度痛苦的时刻，因为希望总是伴随着担忧。想象一下孩子得重病的父母们。他们有多希望孩子好转就有多害怕孩子死去，因而愈加不幸。有人可能会说总好过孩子已离世……当然，害怕总好过悲惨。但一方面，一个健康的孩子当然更好（并不抱着被治愈的希望，只希望能维持这种状态。希望越微小，担心也越少）。另一方面，死亡会同时消除担忧和希望，代之以哀伤。我能想到的最糟糕的情况，是孩子失踪多年不知是死是活的父母。他们只有无尽的希望和担忧。还有什么比这更残忍的？还有什么比这更与幸福背道而驰的？如果幸福就是没有担忧，同理，也就是没有希望。这不意味着幸福包含忧郁或失望，而是说幸福伴随着一种平静的失望。只有不抱任何希望的人才可能完全幸福，只有完全幸福的人才不再有任何指望。

艾：所以您完全反对涉及希望的信仰？

安：我是无神论者，就像帕斯卡和康德一样，我认为一个明智的无神论者无法避免失望。所以我试着去思考一种不需要希望的幸福。这不意味着有信仰的人就无法幸福。他们甚至可以更幸福，他们向往的是死后的来生（“无止境的永恒幸福”帕斯卡语）。然而，向往幸福并不能保证得到幸福。认为自己一定能上天堂的人会因骄傲受罚。而只有上帝，如果他是存在的，拥有决定权，而我们都知道他是难以参透的……不同于当代许多乐观的神学家（他们相信天堂，却不再相信地狱），帕斯卡回归基督教传统，重申天堂不是保证，不是所有人都能得救，这不仅仅取决于我们，还取决于上帝和他的仁慈。据斯宾诺莎所言，如果向往天堂，就会产生无法去往天堂的担忧，那一生都会活在被诅咒的恐惧中。这还是幸福吗？再说，如果幸福是在上帝身边，那只有死后才能获得完整的幸福。而此生拥有的只是对这种幸福的渴望，同时混杂着无法拥有的担心。回顾帕斯卡，他真的是一位伟大的天才。但他是一位幸福的大师吗？

艾：信徒无法放弃希望吗？

安：就像所有的人类一样，他们也会经历幸福与不幸的时刻。他们的幸福时刻跟我们一样由快乐和爱构成，远多于希望，多于对死后来生的向往，更何况我们对来生一无所知！这是基督教更深层的真正思想。在三种神学美德（信仰、希望、仁爱）中，圣·保罗说第三种是最强大的："其他的都会逝去，只有仁爱不会过时。"希望会过时吗？会，因为对基督徒来说，天堂里再也没有值得向往的了！信仰会过时吗？会，因为在上帝的身边，不需要再去信仰他，只需要辨认出他，凝视着他！在天国里，信仰和希望都不会存在，只有仁爱，只有爱！虽然在我这个忠诚的无神论者来看，我们已经身处天国，就在此时此地。生活在这个物质和精神的空间里，不需要去信仰，因为一切都只要去辨认；不需要去向往，因为一切只要去做（我们能控制的）或去爱（我们不能控制的）。

艾：最终我们又回到了同样的思考：难道不是所有的快乐都会遭遇死亡吗？既然我们知道无论如何都会死去，又如何才能变得幸福、热爱生活呢？

安：这就是人类境况的悲剧之处。在这一点上，帕斯卡是绕不过去的："无论戏剧的其他部分有多美，这最后一幕永远是残酷的。最终把黄土洒在头颅上，就是永远。"那应该放弃生活吗？当然不！真正的智慧是爱生活，爱生活脆弱、终结和短暂的真实面貌，而不是怀有其他希望。失望的快乐，意味着不再有任何期待，甚至不期待来世。如果希望再多活两年，就会害怕死亡。希望和恐惧总是如影随形。我体验过的幸福，借用普鲁斯特的话来说就是"我对死亡的念头已经无动于衷"。在他的书中，叙述者走在威尼斯圣马可广场的石板路上，或在日尔芒特的酒店里，或正在品味一块浸了茶水的玛德琳蛋糕时，突然体验到了寻回的时刻，也就是永恒的时刻（不是指一段无尽的时间，而是"纯粹状态下的一点时间"，比如当下）。这是对幸福的真正体验。死亡并没有被遗忘，但知道人都会死不会改变我们活在此刻的事实。死亡只会妨碍希望幸福永恒的人获得幸福。显然，幸福无法永恒，因为人都会死去。而对于认为幸福是真实的快乐的人来说，死亡不再是问题，因为生活就是这个问题的答案。并不需要为了幸福而获得永生。只要热爱生活，热爱转瞬即逝的真实生活。安德烈·纪德在《人间粮食》中写道："对死亡不进行充分思考，就无法赋予生命的每一瞬间足够的价值。"死亡不会阻碍我们享受生活的每一天。当我们看透了死亡，生命因其短暂反而会变得更加珍贵。正是因为生命不会一直持续，因为我们都有一死，所以每个时刻都无可替代。正如纪德所言，生命的价值在"死亡的黑暗背景"衬托下而愈加闪耀。夜色越深，星星就越闪烁。虽然白天也布满了繁星，但因为没有"黑暗背景"的衬托，所以我们看不见它们。有时我们无法看清生活或认为生活枯燥无聊，那是因为我们忘却了死亡。思考死亡，是让我们更加热爱生活的一种方式。这不仅不会阻碍我们获得幸福，反倒直接将我们推向了幸福，而无需任何等待。

艾：无需等待什么？

安：幸福不需要等待，是说不需要等到成为智者。这是蒙田的智慧：生活比哲学更宝贵，真正的幸福，即使像所有幸福一样不完美，也比理想中的幸福更有意义，而理想中的幸福只是一个传说或一个谎言。停止对智慧的幻想吧！停止对幸福的幻想吧！蒙田写道："生活是物质和具象的运动，是本质上就不完美和无序的动作。我愿任其发展。"幸福不是道路的终点，而是路途本身。一条颠簸和艰辛的道路吗？是的，而且一直都是。如果不热爱困难，不接受困难，我们又如何热爱生活？幸福不是休憩，而是取得成功的努力或对失败的克服。也就是说幸福需要勇气，这是斯多葛主义所相信的。幸福需要快乐，这是伊壁鸠鲁所相信的。幸福需要爱，这是只想成为爱的专家的苏格拉底相信的，也是亚里士多德（"爱是享受"）、蒙田（"我爱生活"）、斯宾诺莎（"爱是一种快乐"）、弗洛伊德（失去"爱的能力"，就是病了），以及我们每个人所愿意相信的。幸福既不是一种状态，也不是拥有。幸福在于行动、快乐和爱。

图书在版编目（CIP）数据

美妙的幸福史：人类幸福的多维探寻 /（法）安德烈·孔特－斯蓬维尔等著；陈晶译. -- 重庆：西南大学出版社，2022.6

ISBN 978-7-5697-1379-4

Ⅰ.①美… Ⅱ.①安… ②陈… Ⅲ.①哲学史－世界－通俗读物 Ⅳ.① B1-49

中国版本图书馆 CIP 数据核字 (2022) 第 056713 号

美妙的幸福史：人类幸福的多维探寻

MEIMIAO DE XINGFUSHI：RENLEI XINGFU DE DUOWEI TANXUN

[法] 安德烈·孔特-斯蓬维尔 [法] 让·德吕莫
[法] 阿莱特·法尔热 [法] 艾丽斯·热尔曼 著
陈晶 译

出版策划：闫青华 何雨婷
责任编辑：张 昊
责任校对：李 君
特约编辑：姚敏怡 李炳韬
营销编辑：张 戈
装帧设计：万墨轩图书·夏玮玮
出版发行：西南大学出版社（原西南师范大学出版社）
重庆市北碚区天生路2号 邮编：400715
市场营销部电话：023-68868624
印 刷：重庆升光电力印务有限公司
成品幅面尺寸：148mm × 210mm
印 张：5.875
字 数：126千字
版 次：2022年6月 第1版
印 次：2022年6月 第1次
著作权合同登记号：版贸核渝字（2022）第113号
书 号：ISBN 978-7-5697-1379-4

定 价：45.00元

读者回函表

Readers

WIPUB BOOKS

姓名：__________ 性别：_____ 年龄：_____ 职业：________ 教育程度：_____

邮寄地址：______________________________ 邮编：__________

E-mail：______________________ 电话：______________________

您所购买的图书名称：《美妙的幸福史：人类幸福的多维探寻》

您对本书的评价：

书名：□满意 □一般 □不满意 | 故事情节：□满意 □一般 □不满意

翻译：□满意 □一般 □不满意 | 装帧设计：□满意 □一般 □不满意

纸张：□满意 □一般 □不满意 | 印刷质量：□满意 □一般 □不满意

价格：□便宜 □正好 □贵了 | 整体感觉：□满意 □一般 □不满意

您的阅读渠道（多选）：

□书店 □网上书店 □图书馆借阅 □超市/便利店 □朋友借阅 □找电子版

□其他 __________

您是如何得知一本新书的呢（多选）：

□别人介绍 □逛书店偶然看到 □网络信息 □杂志与报纸 □新闻

□广播节目 □电视节目 □其他

购买新书时您会注意以下哪些地方（多选）：

□封面设计 □书名 □出版社 □封面、封底文字 □腰封文字 □前言、后记

□名家推荐 □目录

您喜欢的图书类型（多选）：

□文学-奇幻小说 □文学-侦探/推理小说 □文学-情感小说 □文学-散文随笔

□文学-历史小说 □文学-青春励志小说 □文学-传记

□经管 □艺术 □旅游 □历史 □军事 □教育/心理 □成功/励志

□生活 □科技 □其他 __________

请列出3本您最近想买的书：__________、__________、__________

请您提出宝贵建议：______________________________

____

★感谢您购买本书，请将本表填好后，扫描或拍照后发电子邮件至wipub_sh@126.com，您的意见对我们很珍贵。祝您阅读愉快！

编辑 Editor 邀请函

WIPUB BOOKS

亲爱的读者朋友：

也许您热爱阅读，拥有极强的文字编辑或写作能力，并以此为乐；

也许您是一位平面设计师，希望有机会设计出装帧精美、赏心悦目的图书封面。

那么，请赶快联系我们吧！我们热忱地邀请您加入“编书匠”的队伍中来，与我们建立长期的合作关系，或许您可以利用您的闲暇时间，成为一名兼职图书编辑或兼职封面设计师，成为拥有多重职业的斜杠青年，享受不同的生活趣味。

期待您的来信，并请发送简历至 wipub_sh@126.com，别忘记随信附上您的得意之作哦！

译者 Translator 邀请函

WIPUB BOOKS

为进一步提高我们引进版图书的译文质量，也为翻译爱好者搭建一个展示自己的舞台，现面向全国诚征外文书籍的翻译者。如果您对此感兴趣，也具备翻译外文书籍的能力，就请赶快联系我们吧！

您是否有过图书翻译的经验：

☐有（译作举例：______________________________ ）　☐没有

您擅长的语种：

☐英语　☐法语　☐日语　☐德语

您希望翻译的书籍类型：

☐文学　☐心理　☐哲学　☐历史　☐经济　☐育儿

请将上述问题填写好，扫描或拍照后发至 wipub_sh@126.com，同时请将您的应征简历添加至附件，简历中请着重说明您的外语水平。